SingLiesel

Satz: Martin Janz, Freiburg i.Br.
Umschlag: Röser MEDIA GmbH & Co. KG, Karlsruhe
Druck: FINIDR, Czech Republic

ISBN 978-3-948106-63-8


www.singliesel.de

Bildnachweise: shutterstock.com

Alle Aktivierungen in diesem Buch sind aus der Praxis entstanden. Bitte vergessen Sie nicht, dass jeder Mensch seine spezielle Tagesform und seine einzigartige Biografie mitbringt, die Sie berücksichtigen müssen. Nicht jede Übung oder jedes Spiel passt für jeden. Die Autorin und der Verlag haften nicht für etwaige Personen- oder Sachschäden.

Birgit Ebbert

# Die Welt der Düfte

## Geschichten und Aktivierungen für Senioren

SingLiesel

# Inhaltsverzeichnis

# Vorwort

Liebe (Vor-)Leserinnen und (Vor-)Leser,

unsere ganze Welt ist voller Düfte und Gerüche, auch wenn wir sie oft nicht bewusst wahrnehmen. Haben Sie sich jemals gesagt: „Diesen Duft muss ich mir merken!“? Bei einem Parfüm vielleicht – aber im Alltag? Und dennoch speichert unser Gehirn auch die Düfte und Gerüche aus dem Alltag ab, und es kann sein, dass sie uns plötzlich ein Déjà-vu-Erlebnis bescheren. Wir erinnern uns an ein Erlebnis, das lange zurückliegt, und wissen manchmal nicht einmal, warum.

Gerade, weil Düfte eher im Unterbewusstsein abgespeichert sind, eignen sie sich, um die Erinnerung an vergangene Erlebnisse und Ereignisse wachzurufen. Mit diesem Buch möchte ich Sie motivieren, sich zusammen mit älteren Menschen auf die Spuren verschiedener Düfte zu machen, und vielleicht bekommen Sie anschließend Lust darauf, weitere Düfte zu erkunden. Die Auswahl der Duftnoten in diesem Buch ist subjektiv, es sind Düfte, die mir beim Schreiben in den Sinn kamen und an die ich mich aus meiner Kindheit und Jugend erinnere. Ich habe aber auch ältere und jüngere Menschen gefragt, an welchen Duft sie sich spontan erinnern. So ist die Mischung in diesem Buch entstanden.

Die Geschichten, die ich um die Düfte und Gerüche geschrieben habe, sind alle erfunden, sie spielen teilweise in der heutigen Zeit, teilweise in den 50er- und 60er-Jahren, als meine Eltern jung waren. Da in meiner Familie immer begeistert gebastelt und gewerkelt wurde, habe ich jede Geschichte um eine Anregung für eine gemeinsame Aktion ergänzt. Dabei wird das Dufterlebnis für alle Teilnehmenden wirklich spürbar. Da nicht alle Düfte für alle gleich angenehm sind, sollte allerdings niemand überredet werden, mitzumachen. Es kann aber auch anregend sein, die Aktion aus etwas Entfernung zu beobachten. Bei Aktivierungen, bei denen etwas zu essen oder zu trinken angeboten wird, sollten Sie vorher abklären, ob alle Teilnehmenden die Lebensmittel zu sich nehmen dürfen.

Viele Seniorinnen und Senioren sind mit Reimen und Liedern aufgewachsen, und auch bei mir zu Hause wurde immer gereimt, rezitiert und gesungen. Deshalb habe ich versucht, zu jedem Duft passende Gedichte oder bekannte Lieder zu finden, die zusätzlich Erinnerungen wachrufen.

Ich wünsche Ihnen gemeinsam viel Freude beim Lesen, beim Vorlesen, bei den Gesprächen über Düfte und bei der gedanklichen Reise in die Erinnerung.

Herzlichst
Ihre Birgit Ebbert

# 1 Anis

**Schon gewusst?**

- Anis ist ein Duft, an dem sich die Geister scheiden. Nicht jeder mag den würzig-süßlichen Duft, der an Lakritze erinnert, aber auch an Fenchel, sogar ein bisschen an Vanille. Diese Mischung aus süß und würzig ist es, die die Fans besonders lieben.
- Die einen haben bei dem Wort „Anis" gleich den Duft von Eiserkuchen, auch Hörnchen oder Neujährchen genannt, in der Nase.
- Andere erinnern sich eher an den Anisschnaps aus dem letzten Urlaub, „Ouzo" aus Griechenland, „Sambuca" aus Italien, „Pernod" oder „Pastis" aus Frankreich.
- Anis stammt aus dem Orient und wurde bereits auf alten Papyrusrollen und in der Bibel erwähnt. Ausgrabungen im römischen Kolosseum lassen vermuten, dass die Menschen in früherer Zeit Anisfrüchte knabberten oder Kuchen damit dekorierten.
- Das Gewürz gibt nicht nur Delikatessen einen besonderen Geschmack, ihm wird auch heilende Wirkung zugesprochen. Der griechische Arzt Dioskurides empfahl bereits vor 2.000 Jahren Anis bei Atembeschwerden, zur Schmerzstillung und beim Biss giftiger Tiere.

**Geschichte**

## Zwei neue Waffel-Rezepte

Eduard lehnt sich an das Küchenbuffet und sieht seiner Frau Herta zu, wie sie mit einer Kelle Waffelteig auf die untere Hälfte des geöffneten Waffeleisens schöpft.

„Wann gibt es eigentlich wieder diese Waffeln mit Anisgeschmack?", fragt er. Er saugt die Luft ein, als könne er den Anisduft aus der Ferne riechen, ein bisschen wie Lakritze mit einem Hauch Vanille und Fenchel.

„Du meinst die Hörnchen", korrigiert Herta ihn, während sie die obere Hälfte des Waffeleisens vorsichtig herunterklappt. „Die gibt es nur zu Neujahr." Herta starrt auf das rote Lämpchen an ihrem Waffeleisen. Wenn es grün wird, kann sie die Waffel herausnehmen.

„Wer sagt das?" Eduard schüttelt den Kopf. „Steht das in einem Gesetz? Paragraf 928, Absatz 1: Dünne Waffeln, auch Hörnchen genannt, dürfen nur zu Neujahr gebacken werden!"

Herta sieht ihren Mann an. „Das war schon immer so. Dafür braucht man kein Gesetz."

Das Lämpchen an dem Waffeleisen springt von Rot auf Grün. Herta kann die fertige Waffel herausholen. „Guten Appetit!", sagt sie in bissigem Ton. „Wenn du Aniswaffeln willst, back dir doch selbst welche!"

„Hertalein, es tut mir leid." Obwohl die Waffel verführerisch aussieht, beachtet Eduard sie nicht. „Das ist doch nur, weil ich diesen Anisgeschmack so gerne mag." Er lächelt verschmitzt. „Ich könnte mir ja eine Flasche Ouzo kaufen."

„Untersteh dich!", faucht Herta. „Den konnte ich schon im Urlaub nicht ausstehen."

Sie betrachtet den Waffelteig in der Schüssel. „Mhm, ich habe keine Aniskörner im Haus, sonst könnte ich welche in den Teig tun. Das wären dann zwar keine Hörnchen, aber immerhin Aniswaffeln."

„Ich fahre in den Supermarkt und hole diese Körner." Eduard strahlt. Herta ist wieder gut zu ihm, und der köstliche Anisduft rückt in greifbare Nähe.

Herta zieht den Stecker des Waffeleisens aus der Steckdose. Während Eduard zum Einkaufen fährt, trinkt sie allein eine Tasse Kaffee und genießt die noch warme Waffel, die auch ohne Aniskörner wunderbar schmeckt.

Eduard steht derweil im Supermarkt vor dem Gewürzregal und stellt fest, dass er seine Brille zu Hause vergessen hat. Muss die Schrift auf den Beutelchen so klein sein? Wenigstens kann er die Farben ohne Brille erkennen. Pulver und Körner kann er auseinanderhalten. So scheiden viele Tüten aus. Am Ende bleiben zwei Tüten übrig, deren Inhalt wie Aniskörner aussieht. Sicherheitshalber kauft er beide.

„Ich bin wieder da!", ruft er schon von der Wohnungstür.

„Psst. Ich telefoniere!", zischt Herta aus dem Wohnzimmer.

Eduard geht in die Küche. Die Schüssel mit dem Waffelteig steht noch an ihrem Platz. Das Waffeleisen wartet nur darauf, dass es weitergeht. Das schafft er auch ohne Herta.

Kurz schwankt er, welche Tüte er öffnen soll. Aber vermutlich hat er sowieso zwei Tüten mit Aniskörnern gekauft. Er schneidet eine Tüte auf und lässt die Körner in den Teig regnen.

Seltsam, dass sich der schöne Duft nicht bemerkbar macht. Aber vielleicht brauchen die Körner Hitze, damit das Aroma sich entfalten kann. Eduard rührt den Teig um, damit sich die Körner gut verteilen, und gibt eine Schöpfkelle davon auf das Eisen. Wie er es bei Herta gesehen hat, klappt er das Eisen zu. „Seltsam, das zischt gar nicht", murmelt er.

In diesem Moment kommt Herta in die Küche. „Schöne Grüße von Ulla, sie hat uns für nächsten Samstag zum Kaffee eingeladen." Erstaunt sieht sie Eduard an der Arbeitsplatte vor dem Waffeleisen. „Hast du den Stecker wieder eingestöpselt?"

Eduard wird rot. Dass ihm das passieren muss. Kein Wunder, dass seine Waffel nicht zischt. Rasch schiebt er den Stecker in die Steckdose.

Als das Eisen aufheizt und der Teig sich erhitzt, breitet sich ein scharfer, ganz leicht süßlicher Duft in der Küche aus. Zu scharf und zu wenig süß für süße Waffeln.

Auch Herta schnuppert. „Das riecht nach Kümmel. Ich hätte nicht gedacht, dass die Leute von nebenan damit kochen." Sie dreht den Kopf und zieht immer wieder die Luft ein. „Das ist nicht nebenan, das ist hier bei uns."

„Ich habe Anis ganz anders in Erinnerung", stellt Eduard fest.

Herta sieht die Tüte mit den Körnern, die Eduard beiseitegelegt hat. Sie fängt an zu lachen und kann nicht aufhören. „Kein Wunder, du hast ja auch Kümmel gekauft statt Anis! Auf die Waffeln bin ich gespannt."

Da leuchtet das Lämpchen am Eisen grün. Eduard nimmt die Waffel heraus und teilt sie in zwei Hälften. Skeptisch probieren die beiden die Waffel.

„Naja, als Abendessen mit Frischkäse drauf geht es", findet Herta.

„Ich hatte mich so auf die Waffel gefreut." Eduard lässt den Kopf hängen. Mit wenig Hoffnung holt er die andere Tüte aus der Westentasche. „Ich hatte meine Brille vergessen und konnte die Schilder nicht lesen."

Herta streichelt ihm über die Schulter und nimmt die Tüte entgegen. „Weißt du was? Den Teig lassen wir stehen für morgen Abend. Ich mache schnell neuen Teig, denn das …", sie wedelt mit der Tüte, „… sind wirklich Aniskörner."

Noch nie hat Eduard eine Waffel so gerne gegessen und so genossen wie die Waffel, die eine halbe Stunde später vor ihm liegt. „Wie die duftet! Und wie die schmeckt! Ich glaube, da haben wir ein neues Rezept erfunden. Aniswaffeln gibt es bestimmt noch nicht."

Herta schmunzelt. „Wir haben zwei neue Rezepte erfunden, denn Kümmelwaffeln mit Zucker hat sicher auch noch niemand gebacken."

**Aktivierungsfragen**

- Welches Gebäck mit Anis kennen Sie? (Aniswaffeln, Anisplätzchen, Anisbrot …)
- Haben Sie auch schon einmal Gewürze vertauscht beim Kochen oder Backen? (Anis und Kümmel, Zucker und Salz, Mehl und Puderzucker …) Wie hat das Ergebnis geschmeckt?
- Welche Getränke oder Speisen mit Anis-Geschmack mögen Sie besonders? Oder gar nicht? (Anisplätzchen, Anislikör, Ouzo, Sambuca, Anisbrot, Anisspringerle …)
- Welche besonderen Bräuche oder Legenden rund um Anis kennen Sie aus Ihrer Heimat?

Gedicht

Der Anis bzw. sein chinesisches Pendant, der Sternanis, kommt sogar in dem „Schlaflied" des berühmten Dichters Rainer Maria Rilke vor.

## Schlaflied

(Rainer Maria Rilke, 1875-1926)

Einmal wenn ich dich verlier,
wirst du schlafen können, ohne
dass ich wie eine Lindenkrone
mich verflüst're über dir?

Ohne dass ich hier wache und
Worte, beinah wie Augenlider,
auf deine Brüste, auf deine Glieder
niederlege, auf deinen Mund.

Ohne dass ich dich verschließ
und dich allein mit Deinem lasse
wie einen Garten mit einer Masse
von Melissen und Stern-Anis.

**Aktivierungsfragen**

- Was kommt Ihnen bei diesem Gedicht als Erstes in den Sinn? Welche Bilder sehen Sie vor sich?
- Welche Schlaflieder kennen Sie?
- Welche Einschlafrituale helfen Ihnen besonders?

Aktion

## Anis-Neujährchen backen

Dieses Gebäck schmeckt nicht nur zum neuen Jahr, sondern immer. Es eignet sich gut, um es in Gemeinschaft zu backen, da es eine Weile dauert, bis der Teig zu einer dünnen Platte geworden ist, die dann zu einer Tüte oder Rolle gedreht werden muss. Beim Warten lässt sich wunderbar über Rezepte, Geschmack und Backerlebnisse plaudern. Und alle können sich ihr eigenes Neujährchen, ihren eigenen Eiserkuchen oder ihr eigenes Hörnchen drehen.

**Das wird benötigt:**

- 500 g Mehl
- 250 g Kandis
- 200 g Butter
- 1 Ei
- 1 l Wasser
- 1 TL Zimt
- 1 TL Salz
- Aniskörner
- Schlagsahne für die Füllung
- elektrisches Eiserkuchen-Eisen
- hölzernes Waffelhorn

**So wird's gemacht**

1. Der Kandis wird in etwas heißem Wasser aufgelöst und muss dann abkühlen.
2. Das lauwarme Zuckerwasser wird mit den restlichen Zutaten (außer dem Wasser) zu einem glatten Teig verrührt.
3. Das Wasser wird nach und nach unter den Teig gerührt, bis eine flüssige Masse entsteht.
4. Das Eiserkuchen-Eisen wird vorgeheizt.
5. Mit einer kleinen Schöpfkelle wird eine Portion Teig in die Mitte der unteren Seite des Eisens verteilt. (Wie viel Teig genau auf das Eisenrund passt, muss ausprobiert werden.)
6. Die obere Seite des Eisens wird heruntergeklappt.
7. Auch die Dauer, bis die Neujährchen-Platte fest und knusprig, aber noch zu einem Hörnchen drehbar ist, muss ausprobiert und ggf. eingestellt werden.
8. Die Teigplatte wird herausgenommen und, noch warm, zu einer Tüte oder Rolle gedreht. Das geht am besten mithilfe des hölzernen Waffelhorns.
9. Traditionell werden die Neujährchen mit Schlagsahne gefüllt.

# 2 Apfel

Schon gewusst?

- Einen Apfel hat ganz sicher jeder schon in der Hand gehabt, und vermutlich hat jeder schon daran geschnuppert und den Duft eingesogen. Eine Zeit lang war der Duft allgegenwärtig, weil Apfelshampoo modern war, und in ländlichen Regionen kam beim geselligen Beisammensein Apfelkorn auf den Tisch. Wer zu Naschereien neigt, hat eher den Duft von Apfelkuchen oder Apfelpfannkuchen in der Nase. Diejenigen, die selbst in der Küche stehen oder standen, erinnern sich bestimmt gut an den Geruch von frischem Apfelmus oder selbst gemachtem Apfelsaft.
- Dem Apfelmost werden sogar heilende Wirkungen zugeschrieben, er soll helfen, Fette abzubauen und gesundheitsschädliche Stoffe in geräucherten Speisen zu neutralisieren.
- Der essbare Apfel stammt ursprünglich aus Kleinasien und wurde von den Römern an den Rhein gebracht. Zwar gab es bei uns bereits Äpfel - sie machten ihrer Bezeichnung „Holzapfel" jedoch alle Ehre. Zum Genuss wurde dieses Obst erst durch die Sorten aus Kleinasien, Griechenland und Italien und durch die Technik der Veredelung, die sich durch die Römer verbreitete.

## Karolines Apfelparty

Geschichte

Karoline schloss die Tür zu ihrer Wohnung auf. In ihr brodelte es, seit sie sich nach der Tupperparty von Gastgeberin Renate verabschiedet hatte.

„Was ist passiert?", fragte ihr Mann Willi. Er war mit einem Teller Äpfel und einem Schälmesser auf dem Weg von der Küche ins Wohnzimmer.

„Ach, die immer mit ihren Partys!", antwortete Karoline. „Stell dir vor, Renate hat uns schon wieder eingeladen - diesmal zu einer Topfparty. Bei Angelika findet eine Duftparty statt, Veronika macht nächste Woche eine Schmuckparty. Und bestimmt gibt es im nächsten Monat bei den Nachbarn eine Toilettenpapierparty!"

„Ach, ärgere dich nicht." Willi hielt seiner Frau einen Apfel hin. „Hier! Da hast du deine eigene Duftparty."

Karoline zögerte. Dann nahm sie den Apfel und schnupperte daran. „Riecht gut! Es erinnert mich an das Apfelshampoo aus meiner Jugend. Aber süßer."

Willi schob Karoline ins Wohnzimmer. „Warte, bis du ihn probiert hast." Er schälte den ersten Apfel und fragte: „Weshalb ärgerst du dich über diese Partys?"

„Ach, ich würde auch gerne eine Party veranstalten", gab Karoline zu. „Aber ich kenne niemanden, der eine solche Party bei uns durchführen könnte. Ich hätte gerne mal etwas völlig anderes."

Willi sah auf das Modellschiff neben dem Fernseher. „Wie wäre es mit einer Modellbauparty?"

Karoline schüttelte den Kopf. „Ich glaube nicht, dass sich jemand für so etwas interessiert."

Willi blickte sich um. Er zeigte auf die Äpfel vor sich auf dem Teller. „Was hältst du von einer Apfelparty? Da könnte ich euch viel Wissenswertes erzählen, und in unserer Gärtnerei haben wir genug Äpfel."

„Ich weiß nicht, das wäre keine richtige Party." Karoline sah skeptisch auf den Apfelteller.

„Wir haben in diesem Jahr eine besonders gute Ernte." Willi gefiel seine Idee.

Karoline nickte „Ich könnte die Frauen an den Äpfeln riechen und Geschmäcker erkennen lassen. Wie bei einer Weinprobe."

„Du könntest aus den verschiedenen Apfelsorten Apfelkuchen backen und die Frauen raten lassen, welchen Apfel du jeweils verwendet hast." Willi bekam Freude an diesem Projekt.

Seine Frau blieb zurückhaltend. „Aber da kommt dann kein Topf- oder Tupper- oder Duftberater!"

„Na, sag mal, was bin ich denn? Ich bin Obstbauer und kenne mich mit Äpfeln aus. Ich werde dein Apfelberater." Willi stand auf. „Herzlich willkommen bei unserer Apfelparty", dozierte er. „Sie werden Dinge über Äpfel erfahren, von denen Sie nie zuvor gehört haben. Sie haben hier und heute die einmalige Gelegenheit, Äpfel nicht nur roh zu verkosten, sondern auch als Apfelkuchen!"

Karoline starrte ihn mit offenem Mund an. „Wow! Du bist engagiert!"

Drei Wochen später standen vier Teller mit kleinen Apfelkuchenstückchen auf dem Couchtisch. Der eine Kuchen war mit Teigstreuseln dekoriert, der andere mit Teigstreifen, einer hatte keinen Belag obenauf und auf den vierten hatte Karoline Hagelzucker gestreut. So wusste sie, welcher Kuchen mit welcher Apfelsorte zubereitet war.

Renate, Veronika, Angelika und vier weitere Freundinnen von Karoline trafen gleichzeitig ein. Willi führte sie ins Wohnzimmer, das mit Apfelbildern, Apfelgirlanden und Äpfeln dekoriert war.

„Wow! Das sieht toll aus. Da hat sich dein Apfelberater aber mächtig ins Zeug gelegt." Renate sah Karoline beeindruckt an. Dann blickte sie sich um. „Ist er noch nicht da? Du hast ja ein großes Geheimnis daraus gemacht."

„Ich bin auch neugierig", mischte sich Angelika ein. „Ich dachte immer, ich hätte schon alle Partys erlebt. Aber von einer Apfelparty habe ich noch nie gehört."

Karoline antwortete nicht. Sie bat die Freundinnen, Platz zu nehmen. Als alle etwas zu trinken hatten, sagte sie: „Herzlich willkommen zu unserer Apfelparty. Ich darf euch nun den Apfelberater vorstellen."

Willi kam durch die Wohnzimmertür. Er trug ein T-Shirt mit der Aufschrift „Apfelberater" vorne und einem Bild von verschiedenen Äpfeln auf dem Rücken. In der Hand hielt er ein Tablett mit acht Tellern, auf denen jeweils fünf frische Apfelscheiben lagen.

„Meine lieben Damen, herzlich willkommen bei unserer einzigartigen Apfelparty", sagt er, wie er es vor Wochen vorgeschlagen hatte.

Die Frauen starrten Willi an. „Das habe ich nicht erwartet", sagte Renate.

Willi ging nicht darauf ein. „Ich beschäftige mich seit Jahren mit Obstbau und bin in unserem Betrieb der Experte für die Apfelplantagen. Wir züchten Elstar, Fiesta, Gala, Goldparmäne, Gravensteiner, James Grieve, Pilot, Pinova, Rubinette, Rubinstar und einige andere Sorten. Fünf davon habe ich euch mitgebracht." Er reichte jeder Frau ein Tellerchen. „Nehmt bitte das Stück ganz rechts auf eurem Tellerchen. Wie beim Wein solltet ihr zuerst daran riechen. Was riecht ihr?"

Für einige Sekunden herrschte absolute Ruhe im Raum. Dann riefen die Frauen durcheinander, woran der Duft des Apfels sie erinnerte. „Süß!" – „Zitronig!" – „Nein, nach Kirsche!"

„Was für eine wunderbare Idee!", sagte Veronika. „Das ist mal etwas ganz anderes. Kann man dich buchen?"

Damit war das Eis gebrochen. Auch die anderen Frauen lobten die fabelhafte Idee. Willi hielt kleine Vorträge zu den Apfelsorten, und zwischendurch ließ er die Frauen raten, von welcher Sorte die Apfelscheiben und die Apfelkuchenstücke stammten.

Zum Abschluss bekam jede Frau einen Apfel und ein Schälmesser. Auf Willis Kommando: „Apfel schält!", versuchten sie, eine möglichst lange Apfelschalenschlange zu schälen. Anschließend rätselten sie, welche Zahl man aus der Schlangenform lesen konnte. Die Zahl war entscheidend dafür, wie viele Äpfel sich jede Frau als Geschenk aussuchen durfte.

Beim Abschied waren sich alle einig: „Das war die beste Werbeparty, die wir jemals erlebt haben!"

**Aktivierungsfragen**

- Welche Apfelsorten kennen Sie? (James Grieve, Gravensteiner, Gala, Elstar, Cox Orange, Spartan, Rubinette, Goldparmäne, Pinova, Boskoop, Gloster, Rubinstar, Jonagored, Golden Delicious …)
- Waren Sie schon einmal auf einem Apfelhof, einer Apfelplantage oder sogar auf einem Apfelfest? Wie war das?
- An welchen Werbepartys haben Sie teilgenommen? Was haben Sie dort erlebt? Was haben Sie gekauft?

Gedicht

Die großen Dichter ihrer Zeit haben auch dem Apfel einige Verse gewidmet, manche Texte sind Volksgut geworden wie dieses Gedicht. Die Melodie stammt von der Arie „Das klinget so herrlich, das klinget so schön" aus der Oper „Die Zauberflöte" von Wolfgang Amadeus Mozart - sie wurde für das Apfellied etwas vereinfacht, damit es jeder singen konnte.

## In einem kleinen Apfel

(Volksgut)

In einem kleinen Apfel,
da sieht es niedlich aus;
es sind darin fünf Stübchen
grad wie in einem Haus.

In jedem Stübchen wohnen
zwei Kernchen, braun und klein;
die liegen drin und träumen
vom lieben Sonnenschein.

Sie träumen auch noch weiter
gar einen schönen Traum,
wie sie einst werden hängen
am lieben Weihnachtsbaum.

**Aktivierungsfragen**

- Kennen Sie dieses Gedicht? Haben Sie es vielleicht in Ihrer Kindheit gehört oder den eigenen Kindern vorgetragen? Erzählen Sie uns davon.
- Sieht es in einem Apfel tatsächlich so aus, wie in dem Gedicht beschrieben? Gibt es die fünf Stübchen? Sind tatsächlich zwei Kernchen in einem Stübchen?
- Welche Redewendungen fallen Ihnen ein, in denen ein Apfel vorkommt?
  - Der Apfel fällt nicht weit vom Stamm.
  - Ein Apfel am Morgen vertreibt Kummer und Sorgen.
  - Der glänzendste Apfel beinhaltet den größten Wurm.
  - Ein Apfel pro Tag, mit dem Doktor kein' Plag.
  - In den sauren Apfel beißen.
  - Jemanden veräppeln.

Aktion

# Apfelorakel

Das Apfelorakel verrät einer Frau, mit welchem Buchstaben der Name ihres zukünftigen Liebsten beginnt – so hieß es früher. Solche Bräuche sind passé, aber das Apfelorakel eignet sich dennoch wunderbar als Spiel in einer Gruppe. Die Aktion stärkt die Feinmotorik und Konzentration und lockt vor allem Assoziationen und Fantasie.

**Das wird benötigt:**

- 1 Apfel pro Person
- 1 Schälmesser pro Person
- Teller für Schalen und Äpfel

**So wird's gemacht**

1. Alle Teilnehmenden erhalten einen Apfel und ein Schälmesser. Wer nicht in der Lage ist, selbst mit einem Schälmesser umzugehen, für den schält die anleitende Person einen Apfel. Wichtig ist, dass für das Fantasieren eine möglichst lange Apfelschalenschlange zur Verfügung steht.
2. Der ganze Apfel wird so geschält, dass die Schale eine Spirale bildet.
3. Diese Spirale wird zwischen die Teilnehmenden gelegt, und nun wird gemeinsam gerätselt, woran die Form erinnert – an einen Buchstaben, an einen Weg, an ein Tier … Der geschälte Apfel kann beim Rätseln genüsslich aufgegessen werden.

# 3 Brot

Schon gewusst?

- Es ist erstaunlich, dass es unter den vielen Duftölen, die im Handel zu haben sind, keines gibt, das Brotduft verströmt. Dabei ist der Duft von frischem Brot schon uralt: Immerhin lässt sich die Geschichte des Brotes über 10.000 Jahre zurückverfolgen.
- Damals, in der Jungsteinzeit, wurde kein Brot gebacken, wie wir es heute kennen, sondern aus den Körnern des wild wachsenden Getreides wurde ein Brei hergestellt. Als dieser durch Zufall neben eine Feuerstelle oder auf einen heißen Stein fiel, entstand das erste Brot. Die Menschen stellten fest, dass das Getreide erhitzt eine andere Konsistenz annahm, gut schmeckte und sich zudem leicht aufbewahren ließ.
- Etwa 5.000 Jahre später wurde durch einen weiteren Zufall in Ägypten die dritte wichtige Zutat für das Brot entdeckt: ein Triebmittel, damals Sauerteig.
- Die Römer sorgten vor 2.000 bis 3.000 Jahren bei ihren Eroberungszügen schließlich dafür, dass die anderen europäischen Völker diese besondere Speise kennenlernten.

## Auf dem Flohmarkt

Geschichte

„Wie das duftet!" Der 13-jährige Pedro stürmte in die Küche seiner Großeltern. Oma Edeltraud holte gerade die Brotform aus dem Backofen. Die Küche war voller Dunst und Duft von frischem Brot.

„Mhm, das riecht süß. Wie ein Kuchenbrot", schwärmte Pedros 10-jährige Schwester Angela. Sie streckte die Hand nach dem Brot aus.

„Weg!", rief Edeltraud. „Erst die Arbeit, dann das Vergnügen."

Die Kinder wollten bei ihren Großeltern Trödel für den Flohmarkt holen. Mit dem Erlös des Verkaufs wollten sie sich gemeinsam die neueste Spielekonsole kaufen, die ihnen ihre Eltern hartnäckig verweigerten. Edeltraud scheuchte die beiden in den Keller, wo sie mit ihrem Mann Carlos bereits einige Sachen herausgesucht hatte. „Hier, den ‚Heißen Stein' könnt ihr mitnehmen." Sie zeigte auf die graue Schiefersteinplatte, an deren Gestell ein elektrisches Kabel hing.

„Das war damals der heiße Scheiß!" Carlos lachte über sein Wortspiel und erntete einen tadelnden Blick seiner Frau. Der sollte so viel heißen wie: „Denk an die Kinder!"

Carlos spendierte ihnen eine seiner geliebten alten Modelleisenbahnen. „Damit richtig was in die Kasse kommt." Edeltraud förderte alte Bücher und Spiele zutage, sodass Angela und Pedro schließlich mit einem Bollerwagen voll Trödel nach Hause zogen. Unterwegs war Pedro erstaunlich still. Das fiel sogar der kleinen Schwester auf.

„Was ist los? Gefallen dir die Sachen nicht?", fragte Angela.

„Ich denke nach", antwortete Pedro und schwieg weiter. Als sie zu Hause ihre Ausbeute in die Kiste zu ihren Trödelmarktsachen packen wollten, stellte er den ‚Heißen Stein' zur Seite.

„Hey, den haben wir für den Markt bekommen", empörte sich Angela.

„Ich will etwas ausprobieren", sagte Pedro. „Aber ich weiß nicht, ob das klappt, deshalb verrate ich erst mal nichts."

Bis zum Tag des Trödelmarkts verriet Pedro mit keinem Wort, was er mit dem ‚Heißen Stein' anfangen wollte.

Angela bemerkte die Schieferplatte in der Kiste mit den anderen Trödelsachen. Als sie sich auf den Weg machten, trug Pedro eine Schüssel mit einem Deckel unter dem Arm.

„Was ist das?", wollte Angela sofort wissen. „Hat das was mit dem ‚Heißen Stein' zu tun?" Angela platzte fast vor Neugier.

Pedro grinste geheimnisvoll. „Lass dich überraschen!"

Auf dem Trödelmarkt wollte Angela die Waren auf dem Tisch verteilen.

„Diese Ecke ist für mich!“, verkündete Pedro und räumte einen halben Meter des Tisches frei. Nur der ‚Heiße Stein‘, der in Wirklichkeit kalt war, durfte dort stehen.

„Wer hat hier Strom bestellt?“ – Angela starrte den Schulleiter, der den Trödelmarkt organisiert hatte, überrascht an. Was sollten sie mit Strom?

„Ich!“, rief Pedro und streckte seine Hände nach der Kabeltrommel aus. Sofort verschwand er unter dem Tisch, und Angela bemerkte erstaunt, dass er das Kabel des ‚Heißen Steins‘ in die Steckdose steckte.

„Was soll das?“ Sie funkelte ihren Bruder böse an. „Sag mir sofort, was du da machst. Sonst rufe ich Mama und Papa an und sage ihnen, was du hier tust.“

„Was tue ich denn?“ Pedro grinste. Als er jedoch den verärgerten Blick seiner Schwester sah, öffnete er die Schüssel.

„Äh, was willst du mit der Pampe?“ Angela starrte entsetzt auf den weißen Brei in der Schüssel.

„Daraus backe ich Brot“, erklärte Pedro. „Wir haben das in der Schule gelernt. In Ägypten haben die Leute früher Brot auf einem heißen Stein gebacken. So ist das Brot erfunden worden.“

Angela schüttelte sich. „Wer soll das denn essen?“

„Das wird wie Knäckebrot“, widersprach Pedro. „Opa Carlos bringt mir nachher Puderzucker und Butter mit. Das können die Leute drauf tun.“

Seine Schwester verfolgte skeptisch, wie er ein wenig Teig auf den ‚Heißen Stein‘ verteilte. Eine Frau blieb stehen. „Das sieht interessant aus“, bemerkte sie. „Wie bei den alten Ägyptern. Davon hätte ich gerne eins.“

Angela stand da mit offenem Mund. Zwei Euro bezahlte die Frau für das Ding! Und dann gab sie Pedro noch zwei Euro extra. „Für die tolle Idee. Das kann ich gut mit den Kindern in der Schule nachmachen. Ich gucke zu Hause direkt nach, ob unser ‚Heißer Stein‘ noch da ist.“

Ein Besucher nach dem anderen blieb an ihrem Tisch stehen. „Der Duft deines Brotes zieht über den ganzen Markt", sagte ein älterer Mann. „Genauso duftete es bei uns zu Hause, wenn meiner Mutter Brot backte."

Beim Kassensturz am Ende des Trödelmarkts staunten beide Kinder. Pedro hatte mit seinem Brot vom ‚Heißen Stein' genauso viel Geld eingenommen wie Angela mit dem Trödel.

Pedro war das egal. Er freute sich am meisten darüber, dass er endlich einmal mit dem, was er in der Schule gelernt hatte, etwas anfangen konnte.

**Aktivierungsfragen**

- Erinnern Sie sich an den ‚Heißen Stein'? Was haben Sie darauf gebacken oder gebraten?
- Welche ähnlich raffinierten Ideen wie Pedro hatten Sie als Kind oder hatten Ihre Kinder?
- Welche Möglichkeiten, Brot zu backen, kennen Sie? (Steinofen, Backofen, Stockbrot …)

# Das Brot

Gedicht

(Wilhelm Busch, 1832-1908)

Er saß beim Frühstück äußerst grämlich,
da sprach ein Krümchen Brot vernehmlich:
„Aha, so ist es mit dem Orden
für diesmal wieder nichts geworden.
Ja, Freund, wer seinen Blick erweitert
und schaut nach hinten und nach vorn,
der preist den Kummer, denn er läutert.
Ich selber war ein Weizenkorn.
Mit vielen, die mir anverwandt,
lag ich im rauen Ackerland.
Bedrückt von einem Erdenkloß
macht' ich mich mutig strebend los.
Gleich kam ein alter Has gehupft
und hat mich an der Nas gezupft.
Und als es Winter ward, verfror,
was peinlich ist, mein linkes Ohr.
Und als ich reif mit meiner Sippe,
o weh, da hat mit seiner Hippe
der Hans uns rutschweg abgesäbelt
und zum Ersticken festgeknebelt
und auf die Tenne fortgeschafft,
wo ihrer vier mit voller Kraft
in regelrechtem Flegeltakte
uns klopften, dass die Schwarte knackte.
Ein Esel trug uns nach der Mühle.
Ich sage dir, das sind Gefühle,
wenn man, zerrieben und gedrillt
zum allerfeinsten Staubgebild,
sich kaum besinnt und fast vergisst,
ob Sonntag oder Montag ist.
Und schließlich schob der Bäckermeister,
nachdem wir erst als zäher Kleister
in seinem Troge bass gehudelt,
vermengt, geknetet und vernudelt,
uns in des Ofens höchste Glut.
Jetzt sind wir Brot. Ist das nicht gut?

Frischauf, du hast genug, mein Lieber,
greif zu und schneide nicht zu knapp,
und streiche tüchtig Butter drüber,
und gib den andern auch was ab!"

**Aktivierungsfragen**

- Haben Sie einmal selbst Getreide geerntet, Mehl gemahlen oder Brot gebacken? Erzählen Sie uns davon.
- Welches Brot oder Brötchen essen Sie am liebsten? Warum ausgerechnet das?
- Welche Erinnerungen haben Sie an Kornfelder?

Aktion

## Brötchen backen

Schon bei der Zubereitung von Hefeteig steigt einem der Duft der frischen Hefe in die Nase und macht Appetit auf ofenwarmes Brot. Natürlich können Sie als Aktion alternativ auch ein ganzes Brot backen – oder frisches Brot kaufen, vielleicht sogar verschiedene Brotsorten, und eine Brotverkostung vornehmen. Aber viel spannender ist doch, wenn die Teilnehmenden ihre eigenen kleinen Brote zubereiten.

**Das wird benötigt:**

- 20 g frische Hefe
- 350 ml lauwarmes Wasser
- 500 g Mehl
- 1 gestrichener EL Salz
- Sesam, Kümmel, Sonnenblumenkerne, geröstete Zwiebeln, Rosinen, Zucker, Hagelsalz, Schokostreusel o. ä.
- etwas Mehl
- flache, große Teller
- evtl. Einweghandschuhe
- Backofen

**Vorbereitung**

1. Bereiten Sie den Hefeteig zu, indem Sie Mehl, Wasser, Hefe und Salz zu einem glatten Teig verarbeiten. Lassen Sie den Teig abgedeckt an einem warmen Ort für ca. 60 Minuten gehen.
2. Teilen Sie den Teig in Kugeln, sodass alle Teilnehmenden eine Teigkugel erhalten.
3. Legen Sie jede Teigkugel auf einen flachen, mit Mehl bestreuten Speiseteller.
4. Stellen Sie Schälchen mit verschiedenen Zutaten für die Brötchen bereit, z. B. Sesam, Kümmel, Sonnenblumenkerne, geröstete Zwiebeln, Rosinen, Zucker, Hagelsalz, Schokostreusel.

**So wird's gemacht**

1. Jede Person erhält einen Teller mit einer Teigkugel. Im ersten Schritt wird diese noch einmal durchgeknetet. (Falls Sie es angesichts der Gruppenzusammensetzung sinnvoll finden, verteilen Sie Einweghandschuhe – oder nach Wunsch, denn manche Menschen mögen den Teig auf der Haut nicht!)
2. Stellen Sie die zusätzlichen Zutaten vor und bitten Sie die Teilnehmenden, eine oder mehrere auszuwählen.
3. Die Teilnehmenden gestalten ihr Brötchen so, wie sie es möchten – sie vermengen vielleicht die zusätzlichen Zutaten mit dem Teig oder bestreuen ihn nur damit.
4. Die Brötchen werden im vorgeheizten Backofen (230 Grad, Umluft) für ca. 12–15 Minuten gebacken – Zeit für ein Gespräch über Lieblingsbrote, Backrezepte und Erinnerungen rund um Brot in verschiedenen Zeiten.
5. Sobald die Brötchen etwas abgekühlt sind, können sie verzehrt werden. Ruhig ohne Belag, um Duft und Geschmack des Brötchens wahrzunehmen und zu genießen.

# 4 Flieder

**Schon gewusst?**

- Es gibt wohl kaum eine Blüte, deren Duft uns so in den Bann zieht wie die des Flieders. Ob violett oder weiß – kaum nähern wir uns im Mai und Juni dem Fliederstrauch, sind wir schon eingehüllt in seinen fruchtigen und blumigen Duft. Seinen Ursprung hat der Flieder auf dem Balkan, nach Spanien brachten ihn vor 1.000 Jahren die Mauren, und von dort aus breitete er sich auch bei uns aus.
- Der Duft des Flieders lockt Menschen und Tiere an, allerdings verzichten Pflanzenfresser darauf, die Blüten oder Blätter zu verzehren, da sie bitter schmecken. Menschen hingegen trinken Tee aus getrockneten Fliederblüten, da er die Verdauung anregt, und ein Tee aus den Blättern des Flieders oder zerstoßener Rinde hilft sogar, Fieber zu senken.
- Außer dem schönen Anblick und dem Duft hat der Flieder die Farbbezeichnung „lila" mitgebracht. Sie stammt von „lilac", dem türkischen Wort für Flieder. Bis zum Einzug des violetten Flieders gab es bei uns keinen Namen für diese Farbe.
- In der Blumensprache hat der Flieder übrigens eine doppelte Bedeutung. Er kann ein Zeichen für eine neue Liebe sein, aber auch die Frage nach der Treue des geliebten Menschen beinhalten.

**Geschichte**

## Die Qual der Wahl

Auf dem Weg von der Arbeit nach Hause war Egon plötzlich eingehüllt in den durchdringenden fruchtigen und blumigen Duft von zwei Fliedersträuchern.

Rechts an dem schmalen Weg, durch den er zu seiner Wohnung ging, stand ein Strauch mit unzähligen violetten Rispen. Sie rochen nach Frühling, und die violette Farbe erinnerte ihn an die Blütenfelder des letzten Urlaubs.

Zu seiner Linken leuchteten hell wie das Brautkleid seiner Annemarie weiße Fliederblüten.

Egon stutzte. Brautkleid! Jetzt musste doch bald ihr Hochzeitstag sein. Den durfte er auf keinen Fall vergessen. Er ging in Gedanken die Tage durch. Es war nicht der 5.5., das hätte er sich leicht gemerkt. Wie um alles in der Welt lautete noch die Eselsbrücke, die er sich ausgedacht hatte?

Er atmete erleichtert aus: 6 mal 2 ist 12. 6 für den Monat Juni und zwei für ein Brautpaar. Am 12. Juni hatten sie geheiratet.

„Und welches Datum haben wir heute?", murmelte Egon. Inzwischen fand er den Geruch des Flieders nicht mehr angenehm, sondern anstrengend. Er zog sein Handy heraus und schaute auf das Display: 12.06. – Hochzeitstag!

Egon blickte auf die Uhr. Durch die Überstunden war er so spät, dass die Läden schon geschlossen hatten. Aber hatte Annemarie nicht erst kürzlich aus einer Zeitschrift vorgelesen, dass nicht nur Rosen, sondern auch Flieder die Blumen der Liebe und Romantik wären?

Weit und breit war niemand zu sehen. Er musste nur einen Zweig abpflücken. Aber welche Farbe würde Annemarie besser gefallen?

Egon dachte an den Urlaub und die violetten Felder. Weiß war doch eine Farbe für die Hochzeit, aber nicht für einen Hochzeitstag. Da passte Lila auf jeden Fall besser.

Erneut schaute er sich um. Die Luft war rein. Rasch streckte er seinen Arm aus, zog den Ast des Fliederstrauchs zu sich heran und pflückte drei Zweige ab.

In seiner Tasche fand Egon ein Band, das er um die unteren Enden der Zweige band. Er hielt den kleinen Strauß etwas von sich weg. Das war ein optimales Geschenk zum Hochzeitstag. Wenn er Annemarie nun noch ins Gasthaus einlud, war der Tag gerettet.

Wenig später schloss Egon die Wohnungstür auf. Er fand seine Frau im Wohnzimmer, wo sie Taschentücher bügelte.

„Herzlichen Glückwunsch zum Hochzeitstag!" Er zog den Fliederstrauß hinter seinem Rücken hervor und strahlte.

Bei den ersten Worten strahlte auch Annemarie, doch dann fielen ihr die Mundwinkel herunter. „Was willst du mir damit sagen?"

Auch Egons Strahlen verschwand. Er hatte sich so auf das Lachen seiner Frau gefreut. Nach fast 40 Jahren traf sie ihn damit noch immer direkt ins Herz.

„Äh, die Läden hatten schon zu, und da habe ich den Flieder gesehen. Er hat mich an unseren Urlaub erinnert." Er wusste nicht, was er sonst sagen sollte.

Annemarie nahm den Strauß mit misstrauischem Blick entgegen. „Du weißt aber schon, was es bedeutet, wenn man violetten Flieder schenkt?"

„Nein." Egon konnte sich nicht erinnern, dass er je etwas über violetten Flieder gehört hatte.

„Ich habe es dir doch sogar vorgelesen." Annemarie seufzte. „Das kommt davon, dass du mir nie richtig zuhörst. In der Zeitschrift stand, dass weißer Flieder für die Liebe steht. Wer lila Flieder schenkt, hat seinen Partner in Verdacht, untreu zu sein!"

Egon starrte Annemarie an. „Nein, das denke ich nicht! Das wollte ich nicht sagen! Ich wollte dir eine Freude machen. Weil doch das Lila so schön aussieht und du Lila magst." Er zeigte auf das violette Kleid, das Annemarie unter ihrer Schürze trug.

Seine Frau stellte das Bügeleisen weg. „Und du denkst wirklich nicht, dass ich einen Geliebten habe?"

Egon schüttelte den Kopf. „Nein! Ganz bestimmt nicht." Er seufzte. „Ich habe mich den ganzen Weg so auf den Abend mit dir gefreut. Ich dachte, wir könnten in die Alte Linde gehen und schön essen."

Annemarie kam zu ihm und nahm sein Gesicht in ihre Hände. „Da bin ich aber froh." Sie zwinkerte. „Aber vielleicht kannst du mir verraten, woher du den lila Flieder hast. Ich wüsste auch gerne, ob du eine Freundin hast."

Kurz fragte sich Egon, ob sie das ernst meinte. Dann nahm er sie in die Arme und sagte: „Du bist doch mein Leben. Morgen gehe ich in den Blumenladen und kaufe dir einen großen Strauß mit roten Rosen!"

**Aktivierungsfragen**

- Welche Bilder und Dufterinnerungen kommen Ihnen in den Sinn, wenn Sie an weißen oder violetten Flieder denken?
- Wie haben Sie und Ihr Partner bzw. Ihre Partnerin den Hochzeitstag oder Kennenlerntag gefeiert?
- Welches Geschenk hätten Sie sich an Egons Stelle überlegt?
- Welche Gaststätte hätten Sie zu einem Festtag aufgesucht? Warum genau diese?
- Wurden bei Ihnen früher auch Taschentücher gebügelt? Was hat man noch gebügelt?

### Gedicht

Der Flieder hat auch Dichter und Denker in früheren Zeiten inspiriert. Der dänische Schriftsteller Hans Christian Andersen widmete ihm das lange Märchen vom „Fliedermütterchen", und Thomas Mann setzte dem Flieder mit seiner Erzählung „Gefallen" ein literarisches Denkmal. Das folgende Gedicht von Karl Kraus eignet sich besonders gut, um ergänzend zu unserer Geschichte im Rausch des Fliederdufts zu schwelgen.

## Flieder

(Karl Kraus, 1874–1936)

Nun weiß ich doch, 's ist Frühling wieder.
Ich sah es nicht vor so viel Nacht
und lange hatt' ich's nicht gedacht.
Nun merk ich erst, schon blüht der Flieder.

Wie fand ich das Geheimnis wieder?
Man hatte mich darum gebracht.
Was hat die Welt aus uns gemacht!
Ich dreh mich um, da blüht der Flieder.

Und danke Gott, er schuf mich wieder,
indem er wiederschuf die Pracht.
Sie anzuschauen aufgewacht,
so bleib ich stehn. Noch blüht der Flieder.

**Aktivierungsfragen**

- Bitten Sie die Zuhörerinnen und Zuhörer, das Wort „Flieder" zu sprechen, wenn Sie am Ende des jeweiligen Verses eine Pause machen: „Nun merk ich erst, schon blüht der ..."
- Wer von Ihnen kennt dieses Gedicht oder andere Blumen-Gedichte oder auch Lieder, die Blumen zum Thema haben? („Schneeglöckchen" von Joseph von Eichendorff, „An eine Rose" von Friedrich Hölderlin, „Vielen Dank für die Blumen" von Udo Jürgens, „Für mich soll's rote Rosen regnen" von Hildegard Knef ...)
- Welche Erinnerungen weckt das Gedicht bei Ihnen?

# Fliederblüten trocknen

Aktion

Flieder duftet nicht nur während der Blütezeit, sondern auch getrocknet lässt sich sein herrlicher Duft das ganze Jahr über bewahren. Das Abzupfen der Blüten wirkt entspannend und trainiert die Feinmotorik – das ist sehr hilfreich, gerade für ältere Menschen.

**Das wird benötigt:**

- Fliederblüten
- Küchenpapier oder Trockentuch
- Blech

**So wird's gemacht**

1. Besorgen Sie bei trockenem Wetter Fliederblüten. Ist der Flieder nass oder feucht, braucht er lange, um richtig zu trocknen, und in dieser Zeit fällt er zusammen oder beginnt sogar zu schimmeln. Wenn man es genau nimmt, sind Fliederblüten ganze Dolden aus kleinen Blütenköpfchen.
2. Die abgezupften Blüten werden auf einem mit Küchenpapier oder Trockentuch ausgelegten Blech verteilt. Die Blüten sollten einander nicht berühren, damit sie gleichmäßig trocknen können.
3. Das Trocknen dauert ca. drei Tage. Danach können die Blüten verpackt oder weiterverwendet werden:
   - In einer kleinen Glasschale werden sie zu einem besonderen Blick- und Duftfang in der Wohnung.
   - In einem kleinen Stoffbeutel im Schrank verstaut, sorgen sie für einen angenehmen Duft der Wäsche und vertreiben Motten.
   - Auf Frischkäse oder auf Sahneteilchen sind die getrockneten Blüten ein Hingucker, den man essen kann.
   - Kreative Bastler legen und kleben aus den getrockneten Blüten sogar ganze Bilder, die als duftendes Geschenk erfreuen.

# 5 Hagebutte

## Schon gewusst?

- Hagebutten sind die Früchte mancher Rosenarten, besonders der Wildrose „Rosa canina", die wir auch als „Hundsrose" kennen. Die Frucht, die sauer, fruchtig und herb zugleich schmeckt, besteht aus dem dicken Fruchtfleisch, das aus dem Blütenboden der Rose entsteht, und den kleinen Nüsschen im Innern der Frucht.
- Während das Fruchtfleisch unverarbeitet gegessen werden kann, haben die Nüsschen es in sich, besser gesagt: auf sich. Sie sind von feinen Härchen bedeckt, die winzige Widerhaken haben und bei Hautkontakt Juckreiz hervorrufen.
- Wer sich an die frischen, rohen Hagebutten wagt und das von den Nüsschen befreite Fruchtfleich isst, nimmt eine große Portion Vitamin C zu sich, denn die Hagebutten gehören wie der Sanddorn zu den heimischen Früchten mit dem höchsten Vitamin-C-Gehalt.
- Der Vorteil der Hagebutten ist, dass es keine feste Erntezeit gibt: Sie können am Strauch bleiben, bis sie gegessen werden – von Tieren oder Menschen.
- Die Früchte können vielseitig verwendet werden: getrocknet für Tee oder frisch für Mus oder Konfitüre, mit der zum Beispiel traditionell die fränkischen Krapfen gefüllt werden.

Geschichte

## Der verhasste Rollator

Sophie schlängelt sich an ihrem Großvater Ewald vorbei in dessen Wohnung in einem Seniorenzentrum. Sie dreht den Kopf hin und her und schnuppert. „Das duftet aber gut. Ein bisschen herb, ein bisschen süß. Das riecht wie bei der Klassenfahrt im Landschulheim. "

„Lass mich bloß damit in Ruhe!", grummelt Ewald. „Mein Arzt hat mir Kaffee verboten. Jetzt soll ich auf einmal nur noch Hagebuttentee trinken. Hagebuttentee! Das schmeckt nach Krankenhaus!"

Sophie sieht ihren Großvater mitleidig an. „Das ist wirklich blöd, dass du keinen Kaffee trinken sollst. Komm, wir gehen in den Park. Da kommst du auf andere Gedanken."

Ewald winkt ab. „Lass mich mal hier. Ohne mich bist du schneller unterwegs."

Sophie verkneift sich ein Seufzen. So geht das, seit der Arzt ihrem Großvater einen Rollator verordnet hat.

„Hey, mit deinem Rollator bist du schneller als ich", versucht die 14-Jährige den alten Herrn aufzumuntern.

„Das olle Ding!" Ewald gibt dem Rollator einen Schubs. „Wer so ein Ding braucht, ist nichts mehr wert."

„Mensch, Opa, das ist doch Quatsch." Sophie spürt, dass sie wütend wird. Wie oft haben sie schon darüber gesprochen. „Ein Rollator ist total in."

„Du bist ein liebes Mädchen, aber ich mache es mir hier gemütlich. Den Weg vom Tisch zum Fernsehsessel schaffe ich ohne das Ding." Wieder schubst er den dunkelbraunen Rollator.

„Der Arzt hat gesagt, du sollst auch in der Wohnung lieber mit Rollator gehen." Auch das sagt Sophie nicht zum ersten Mal. Sie muss sich etwas überlegen. Zunächst setzt sie sich zu Ewald an den Tisch und holt ein Skatspiel hervor. Während sie Bauernskat spielen, erkundigt sie sich, ob Rot-Weiß Essen noch immer sein Lieblingsverein ist und wie er ihr rotes T-Shirt findet. Nach dem Spiel verabschiedet sie sich. „Beim nächsten Mal gehen wir aber raus, Opa."

Ewald sieht sie an. Als ihm das Grinsen in ihrem Gesicht auffällt, fragt er argwöhnisch: „Was hast du vor?"

Doch Sophie ist schon an der Tür. Sie wirft ihm eine Kusshand zu und ist weg.

Drei Tage später steht Sophie wieder vor Ewalds Tür. Sie runzelt die Stirn, als der Großvater ihr die Tür ohne Rollator öffnet. Aber sie sagt nichts dazu.

„Hallo Opa", begrüßt sie ihn nur und stellt eine Tasche auf den Tisch.

„Was ist das?" Ewald beäugt die große Tasche mit der Aufschrift eines Baumarkts. „Willst du hier renovieren?"

Sophie grinst. „Ja. Und zwar deinen Rollator. Ich würde mit dem ollen braunen Ding auch nicht auf die Straße gehen. Also streichen wir ihn."

Ewald lässt sich auf einen Stuhl sinken. „Ich gehe mit dem Ding nicht aus dem Haus. Das habe ich doch oft genug gesagt."

Seine Enkelin lässt sich davon nicht beirren. Sie verteilt Zeitungen auf dem Fußboden und stellt den Rollator darauf. Mit Kreppband klebt sie die Griffe ab. „Eigentlich müssten wir den auseinanderbauen", meint sie, „aber ich habe nicht so viel Zeit." Sie lächelt ihren Großvater von unten an. „Und wenn du sowieso nicht damit rausgehst, ist das ja egal."

Ewald zögert. Dann sagt er: „Mein Werkzeug ist im Abstellraum. Wenn schon, dann auch richtig."

Das triumphierende Lächeln auf Sophies Gesicht, als sie das Werkzeug holt, sieht er nicht. Einträchtig schrauben sie den Rollator auseinander und legen die Einzelteile auf das Zeitungspapier.

„Am besten holst du Messer aus der Schublade", fordert Ewald seine Enkelin auf. „Da können wir die fertigen Teile drauflegen, damit das Papier nicht daran kleben bleibt. Dann muss ich nur noch die kleinen Kontaktstellen nachstreichen."

Sophie holt die Farbe aus der Tragetasche. „Ich dachte, wir streichen den Rollator rot mit weißen Strichen oder Punkten."

Ewald kratzt sich am Kopf. „Ist das nicht zu auffällig?"

Seine Enkelin dreht sich weg, damit er ihr Grinsen nicht bemerkt. Ihre Idee funktioniert. Ewald ist Feuer und Flamme für die Idee und hat ganz vergessen, dass er den Rollator hasst.

„Dann streichen wir heute rot, und wenn das getrocknet ist, gucken wir mal", schlägt Sophie vor.

Als sie sich zwei Stunden später von ihrem Großvater verabschiedet, trocknet die Farbe schon. „Ich komme morgen wieder, dann machen wir weiter", verspricht Sophie.

„Guten Tag, Sophie!", begrüßt Ewald seine Enkelin am nächsten Mittag. Er steht an der Tür mit dem knallroten Rollator. „Ich habe das Ding zusammengebaut und dachte, wir könnten zum Teeladen gehen."

Sophie kommt aus dem Staunen nicht heraus. Es ist schon ein Wunder, dass ihr Großvater den Rollator zusammengebaut hat und nun damit an der Tür steht. Dass er jetzt auch noch Tee kaufen gehen möchte, ist gar nicht zu verstehen.

„Wie kommst du denn darauf?", möchte Sophie wissen.

Ewald lacht. „Als ich den roten Rollator zusammengebaut habe, klang in meinem Kopf plötzlich ‚das purpurrote Mäntelein', und auf einmal duftete mein Hagebuttentee nach Kindheit und nicht nach Krankenhaus. Weißt du, den gab es früher bei uns zu Hause immer. Aber nicht aus Supermarkt-Teebeuteln, sondern aus echten Hagebutten! Die Früchte dafür habe ich als Kind selbst gesammelt. Das hatte ich ganz vergessen."

„Dann lass uns gleich losgehen", schlägt Sophie vor, „und danach erzählst du mir bei einer Tasse Tee, was es mit dem Mäntelein auf sich hat, und von damals, als du zu Hause Hagebuttentee getrunken hast."

Eine halbe Stunde später zieht der süße Duft von frisch aufgebrühtem Hagebuttentee durch die Wohnung. Ewald erzählt gut gelaunt davon, wie er als Junge Hagebutten gesammelt hat. „Stell dir vor, Mutters Tee duftete genau wie dieser hier!"

**Aktivierungsfragen**

- Welche Erinnerungen haben Sie an einen Aufenthalt in der Jugendherberge?
- Welche Jugendstreiche bringen Sie mit Hagebutten in Verbindung?
- Welche Möglichkeiten, Hagebutten zu nutzen, kennen Sie?
- Was unternehmen Sie mit Enkelkindern oder Kindern aus Ihrem Umfeld?

Lied

Das nachfolgende Lied aus dem 19. Jahrhundert ist ein Rätsellied. Es soll erraten werden, wer oder was das „Männlein im Walde" ist. Hoffmann von Fallersleben wurde durch ein Rätselbuch von 1562 zu dem Text inspiriert. Als Melodie nutzte er eine Volksweise, die allgemein bekannt war. Berühmtheit erlangte „Ein Männlein steht im Walde" aber erst dadurch, dass der Komponist Engelberg Humperdinck es in seine Märchenoper „Hänsel und Gretel" aufnahm.

## Ein Männlein steht im Walde

(August Heinrich Hoffmann von Fallersleben, 1798–1874)

Ein Männlein steht im Walde
ganz still und stumm,
es hat von lauter Purpur
ein Mäntlein um.
Sagt, wer mag das Männlein sein,
das da steht im Wald' allein
mit dem purpurroten Mäntelein?

Das Männlein steht im Walde
auf einem Bein
und hat auf seinem Haupte
schwarz Käpplein klein.
Sagt, wer mag das Männlein sein,
das da steht im Wald allein
mit dem kleinen schwarzen Käppelein?

**Aktivierungsfragen**

- Was glauben Sie, wer ist mit dem Männlein gemeint?
  Die letzte Strophe bringt es an den Tag. Sie wird gesprochen bzw. vorgelesen – wie vom Autor vorgesehen:
  „Das Männlein dort auf einem Bein
  mit seinem roten Mäntelein
  und seinem schwarzen Käppelein
  kann nur die Hagebutte sein!"
- An welche Dinge im Wald erinnern Sie sich besonders gerne?
- Haben Sie als Kind mit Waldfrüchten gebastelt? Mit welchen? Was?
- Verbinden Sie etwas Bestimmtes mit dem Duft und Geschmack von Hagebutten oder Hagebuttentee?

## Hagebutten raten

Aktion

Dieses Spiel ist eine Abwandlung des Spiels „Nüsse raten", das manche Seniorinnen und Senioren aus ihrer Kindheit kennen.

**Das wird benötigt:**
- 5 bis 7 Hagebutten pro Person

**So wird's gemacht**

1. Zum Start des Spiels erhält jeder fünf bis sieben Hagebutten.
2. Auf das Zeichen „Los!" verteilen die Spielerinnen und Spieler die Hagebutten auf beide Hände und schließen diese, damit niemand sieht, wie viele Früchte in jeder Hand sind.
3. Die rechte Hand wird auf den Tisch gelegt.
4. Nun rät reihum jeder, ob der Nachbar zur Linken eine gerade oder ungerade Anzahl von Hagebutten in der rechten Hand hat.
5. Der Nachbar muss die Hand öffnen und seine Hagebutten zeigen. Wurde richtig geraten, bekommt der Spieler, der richtig getippt hat, die Hagebutten aus der Hand des Nachbarn. War der Tipp falsch, muss er oder sie die gleiche Anzahl Hagebutten an den Nachbarn abgeben. Gewonnen hat, wer am Ende die meisten Hagebutten hat.

✷ Das Spiel sollte mindestens zwei Runden gespielt werden, damit alle die Chance haben, Hagebutten zurückzuerobern. Wenn nicht anders festgelegt, endet das Spiel, wenn einer der Spieler keine Hagebutte mehr hat.

# 6 Holz

**Schon gewusst?**

- So wie jede Baumart ihren eigenen Aufbau und ihre eigene Struktur hat, verströmt auch ihr Holz seinen eigenen Duft, der teils als angenehm oder teils als eher säuerlich empfunden wird. Wer an einem Holzstapel vorbeikommt, ein Holzlager oder eine Schreinerei betritt, hat sofort den Geruch von Holz in der Nase, der einerseits würzig und fruchtig sein kann, aber auch modrig oder trocken. Auf jeden Fall weckt er Assoziationen zu früheren Erlebnissen mit Holz - in der Wohnung, im Beruf oder im Wald.
- Holz ist ein wertvoller Rohstoff, weil er vielseitig eingesetzt werden kann - einerseits in seiner Kompaktheit zum Bau von Häusern, Dächern, Möbeln, Booten, Sportgeräten, Werkzeugen u. a., andererseits aber auch als Hackschnitzel, Fasern und Holzspäne, die in unterschiedlichen Produktionsprozessen verarbeitet werden, zum Beispiel als Pellets für die Heizung, als Zellstoff für die Papierherstellung. Selbst Papier kann nur durch Zusatz von aus Holz gewonnenem Zellstoff produziert werden.
- Holz ist auch ein Brennstoff, der zu Hause im Kamin Wärme und einen Duft verbreitet, der Wohlgefühl erzeugt.

**Geschichte**

## Manchmal liegt das Geld im Wald

Wilfried saß mit der Zeitung auf der Couch und schmollte. Es war Sonntagmittag. Eigentlich ging die Familie am Sonntagmittag spazieren. Das war schon immer so gewesen. Und nun streikten seine Frau Margot, seine Tochter Irmgard und sein Sohn Rüdiger. Niemand verstand, dass er die Waldluft brauchte. Der Duft von Laub, Fichtennadeln, Harz und feuchter Baumrinde verwandelte sich beim Einatmen in Energie und Lebensfreude. Dennoch konnte er sich nicht aufraffen, alleine in den Wald zu gehen. Da las er lieber den Rest der Samstagszeitung, der sonst ungelesen in die Mülltonne wanderte.

Als er den Kulturteil aufschlug, fiel sein Blick auf eine Skulptur aus Holz. Für ihn sah sie nach einem alten Baumstamm aus. In dem Artikel stand, dass sie 40.000 Euro kosten sollte. Anscheinend fand auch die Zeitung das etwas übertrieben. Sie lobte einen Preis von 400 Euro aus für denjenigen, der ein ähnlich schönes oder seltenes „Holzkunstwerk" im Wald fand.

„Der Abgabetermin ist heute", murmelte Wilfried und ärgerte sich, dass die Zeitung eine so knappe Frist gesetzt hatte. Andererseits ... Er nahm die Zeitung und ging in den Flur. „Wer möchte 400 Euro verdienen?", rief er.

Sofort stand seine Frau in der Küchentür, und Rüdiger und Irmgard blickten über das Treppengeländer. „Ich!", ließen sie fast einstimmig vernehmen.

„Dann müsst ihr in den Wald!", erklärte Wilfried und zog seine Jacke über. Er kramte in dem kleinen Schränkchen und holte mehrere Tragetaschen hervor. „Auf geht's."

Margot, Irmgard und Rüdiger waren so verdutzt, dass sie ohne weitere Fragen ebenfalls in ihre Jacken schlüpften. Erst im Auto wollte Irmgard wissen: „Von wem bekommen wir die 400 Euro? Kriegen wir die zusammen oder jeder einzeln?"

Wilfried berichtete von dem Wettbewerb. „Das schaffen wir locker", meinte er. „Da habt ihr, Kinder, aber schon tausendmal bessere Kunstwerke im Wald gefunden." Er hielt das Lenkrad mit einer Hand und zog mit der anderen die Zeitungsseite aus der Hosentasche. „Hier!"

„Mhm", war Margots Reaktion.

„Na ja", merkte Irmgard an.

Nur Rüdiger war Feuer und Flamme. „Ich weiß genau, wo im Wald tolle Kunstwerke stehen. Weißt du noch, Papa, die mit den Mustern, die die Forstschüler in Baumstämme sägen müssen."

Wilfried stutzte. Daran hatte er nicht gedacht. Er wusste, wovon Rüdiger sprach. Der Baumstamm einer Fichte, in den eckige Fenster geschnitten worden waren. Das wäre genau das Richtige für den Wettbewerb. Allerdings hatte die Sache einen Haken – der Baumstamm steckte noch in der Erde.

„So etwas in der Art", sagte Wilfried vorsichtig. Er fand seine Idee nun nicht mehr so gut. Niemals würden sie einen solchen Baumstamm in eine Tasche und ins Auto bekommen.

Endlich hatten sie den Wald erreicht.

„Wie das duftet!" Wilfried blieb stehen. Er streckte seine Nase in die Luft und atmete tief ein.

„Du siehst aus wie ein Hund, der schnuppert." Rüdiger kicherte.

„Guckt ihr schon mal, ob ihr was findet!", sagte Wilfried. „Ich schnuppere noch ein bisschen."

Die Familienmitglieder wollten gerade ausschwärmen, als Irmgard einen Schrei ausstieß. „Da ist eine Schlange!", rief sie und zeigte auf einen Baum. Es sah tatsächlich aus, als züngelte eine Schlange am Fuß der dicken Eiche.

Rüdiger ging näher heran. „Das ist ein Ast", sagte er schließlich und lachte seine Schwester aus.

Wilfried schaute sich die Astschlange genauer an. „Das ist es doch!" Er suchte das Ende des Astes und zog ihn vorsichtig aus dem Gestrüpp. „Damit gewinnen wir bestimmt."

Zufrieden packte er die Schlange in eine der Taschen. „Von mir aus müssen wir nicht weitersuchen", fand er. „Ich könnte jetzt schon ein Stück Kuchen gebrauchen. Ich lade euch zur Feier des Tages ins Café ein."

Margot nickte anerkennend. Den Kindern war das sowieso egal. Hauptsache, sie mussten nicht mit den Eltern durch den Wald trotten. Auf dem Weg zum Café brachten sie ihr Werk zur Zeitung.

„Sie sind bisher die Ersten, die überhaupt etwas einreichen", berichtete der Mann am Empfang. „Ich fürchte, die anderen Familien konnten sich nicht aufraffen, in den Wald zu gehen." Er sah auf die Uhr. „Ich bin noch eine halbe Stunde da. Wenn bis dahin nichts mehr kommt, sind Sie wohl die Sieger."

Die halbe Stunde nutzten Wilfried, Margot, Irmgard und Rüdiger für eine Runde durch das Dorf. Als sie wieder zur Zeitung kamen, hatte tatsächlich niemand sonst ein Holzkunstwerk abgegeben. „Ich kann Ihnen das Geld aber nicht auszahlen. Da müssen sie wiederkommen. Die Redakteure wollen sicher ein Foto von Ihnen und Ihrer Schlange machen."

„Wir können warten", beruhigte Wilfried ihn. „Wir gehen aber schon mal feiern."

Als sie im Café saßen, zog ein harziger Duft durch die Gaststube. Irmgard lachte. Sie zeigte auf den Kamin und die Holzscheite daneben. „Nächstes Mal gehen wir gleich hierhin. Hier hast du deinen Holzduft, und ein Stück Holz für den Wettbewerb hätten wir hier sicher auch gefunden."

**Aktivierungsfragen**

- Wie verlief der Sonntag in Ihrer Familie, als Sie Kinder oder Jugendliche waren?
- An welchen Spaziergang im Wald erinnern Sie sich besonders?
- Welchen besonderen Fund haben Sie einmal aus dem Wald mitgebracht oder dort entdeckt?

Gedicht

# Ein Nagel saß in einem Stück Holz

(Joachim Ringelnatz, 1883–1934)

Ein Nagel saß in einem Stück Holz.
Der war auf seine Gattin sehr stolz.
Die trug eine goldene Haube
und war eine Messingschraube.

Sie war etwas locker und etwas verschraubt,
sowohl in der Liebe als auch überhaupt.
Sie liebte ein Häkchen und traf sich mit ihm
in einem Astloch. Sie wurden intim.

Kurz, eines Tages entfernten sie sich
und ließen den armen Nagel im Stich.
Der arme Nagel bog sich vor Schmerz.
Noch niemals hatte sein eisernes Herz
so bittere Leiden gekostet.

Bald war er beinah verrostet.
Da aber kehrte sein früheres Glück,
die alte Schraube, wieder zurück.
Sie glänzte übers ganze Gesicht.
Ja, alte Liebe, die rostet nicht!

**Aktivierungsfragen**

- Wann haben Sie Ihren ersten Nagel in Holz oder in eine Wand geschlagen? Erinnern Sie sich an ein besonderes Ereignis?
- Haben Sie jemals mit Holz gearbeitet? Was haben Sie hergestellt?
- Welches war Ihr Lieblingsstück aus Holz?
- Was verbinden Sie mit dem Duft von Holz?

# Holzscheiben gestalten

Aktion

Diese individuell gestalteten Holzscheiben können mithilfe von angeklebten Wäscheklammern zu hübschen Zettelhaltern werden.

Um Holz zu bearbeiten, ist es meist nötig, es zu sägen oder abzuschmirgeln. Dabei kann es zu einer Staubentwicklung kommen, die manche Menschen nicht vertragen. Holzscheiben gibt es in Bastelläden fertig zugeschnitten. Wenn sie grob bemalt oder beklebt werden, ist es nicht erforderlich, sie vorher abzuschmirgeln, um sie aufzurauen.

**Das wird benötigt:**

- Holzscheiben aus dem Bastelgeschäft mit einem Durchmesser von ca. 3–5 cm
- Holzwäscheklammern
- flüssiger Klebstoff, der auch für Holz geeignet ist
- Acrylfarben und Pinsel oder Acrylstifte
- alte Zeitschriften
- Scheren
- Klarlack und Pinsel
- evtl. Bleistift, um ein Motiv vorzuzeichnen

**So wird's gemacht**

1. Sprechen Sie mit den Teilnehmenden darüber, ob sie ihre Holzscheibe bemalen oder bekleben möchten.
2. Nutzen Sie die Umschläge der Zeitschriften als Unterlagen für die Holzscheiben.
3. Einige Teilnehmenden malen die Scheiben direkt mit den Acrylfarben oder den Acrylstiften an, andere zeichnen ein Motiv vor, und wieder andere suchen in den Zeitschriften nach Motiven, schneiden diese aus und kleben sie auf.
4. Sobald Farbe und Klebstoff getrocknet sind, wird an der Rückseite jeder Holzscheibe eine Holzwäscheklammer festgeklebt.
5. Abschließend werden die Holzscheiben mit Klarlack überzogen. Danach müssen sie einige Stunden trocknen, ehe sie genutzt werden können, um Zettel mit Botschaften zu halten.

# 7 Kaffee

**Schon gewusst?**

- Für die Zubereitung von Kaffee aus gerösteten und gemahlenen Kaffeebohnen hat jede Kultur ihre eigene Methode. Der Duft aber ist immer fantastisch, und bei der Beschreibung sind der Fantasie keine Grenzen gesetzt: nussig, erdig, holzig, fruchtig, karamellig, die einen wollen sogar Waldbeeren erschnuppern und die anderen Schokolade.
- Der Ursprung des Getränks liegt im früheren Königreich Kaffa in Äthiopien. Der Legende nach soll den Hirten einer Ziegenherde dort 1440 aufgefallen sein, dass einige ihrer Ziegen bis in die Nacht munter waren und nicht müde wurden. Es stellte sich heraus, dass sie von einem Strauch mit weißen Blüten und roten Früchten gefressen hatten.
- Die Zeiten allerdings, in der sich die Menschen mit im Topf aufgebrühtem Kaffee zufriedengaben, sind längst vorbei. Heute scheiden sich die Geister, ob für höchsten Genuss die Bohnen maschinell oder per Hand gemahlen werden müssen, ob der Kaffee mit Bohnenpulver zubereitet schmeckt oder ob die Bohnen erst direkt vor dem Aufguss frisch gemahlen werden müssen. Nur in einem sind sich Kaffeetrinker einig: Das Getränk wirkt belebend, duftet verlockend und schmeckt unvergleichlich gut.

**Geschichte**

## Ein ganz besonderer Kaffeenachmittag

Richard fand an diesem Sonntag keine Ruhe. Die Eltern seiner Verlobten Charlotte sollten zum ersten Mal auf seine Eltern treffen. Seit sie sich einander Silvester 1950 versprochen hatten, war dieser Besuch geplant.

„Richard, kommst du mal?", rief seine Mutter Anneliese. Ihre Stimme klang ernst.

„Was ist denn, Mutter?", fragte er unruhig und hastete in die Küche.

Seine Mutter saß vor einer Papiertüte mit der Aufschrift „Kaffeebohnen". „Guck dir das an!"

Richard entdeckte braune Bohnen in der Tüte. Manche waren brauner, andere eher schwarz. Die schwarzen waren lang und dünn. „Das sind Kaffeebohnen."

„Nicht nur!", druckste seine Mutter herum. „Die Mäuse haben sich über die kostbaren Bohnen hergemacht." Nun liefen ihr Tränen über die Wangen. „Seit Jahren bewahre ich diese Bohnen auf. Ich wollte schon oft Kaffee daraus brühen, aber immer dachte ich: Es wird ein wichtigerer Tag kommen. Ein Tag wie heute, an dem ich die Eltern deiner Braut kennenlerne." Sie schniefte. „Ich habe mir das so schön vorgestellt, wie der Duft von echtem Kaffee durch das Haus zieht und Charlottes Familie empfängt."

Richard ließ sich auf einen Stuhl fallen und dachte einen Moment nach. Dann hatte er eine Idee. „Ich bitte Charlotte, uns Kaffeebohnen zu bringen."

„Wie sieht das denn aus?!" Seine Mutter sah ihn empört an. „Das muss anders gehen. Ich habe ein Rezept von meiner Oma aus dem Ersten Weltkrieg, da haben sie die Kaffeebohnen mit Lupinen und Eichelmehl und viel Karamell gestreckt."

„Vielleicht kannst du Eicheln nehmen, das merkt bestimmt niemand", schlug Richard vor.

„Eicheln gibt es im Herbst", bremste seine Mutter ihn. „Jetzt steht noch das Getreide auf dem Feld."

„Dann hole ich Getreide, es gibt doch Getreidekaffee." Richard sprang auf. Fünf Minuten später stand er wieder in der Küche. „Welches Getreide soll ich holen?"

Seine Mutter schüttelte den Kopf. „So leicht geht das nicht. Es dauert ewig, bis ich die Körner aus den Ähren gepult habe."

„Dann frage ich beim Bauern, ob er noch Eicheln hat. Er hortet doch immer alles." Richard wollte sich nicht aufhalten lassen.

„Dann geh halt in Gottes Namen. Frag ihn nach Karotten. Tante Irmgard hat erzählt, damit hätte sie kürzlich Ersatzkaffee hergestellt." Richards Mutter wandte sich dem Mürbeteigboden zu, um ihn mit Waldbeeren zu belegen.

Eine Stunde später kehrte Richard mit fünf großen Möhren und einer Handvoll Maiskörner zurück. „Die hat der Bauer mir geschenkt. Er meinte, vielleicht könntest du die gebrauchen. Er hat sie von seinem Bruder aus Amerika. Angeblich ist das ein Wundermais." Richard grinste. „Er meinte, er hätte sich bisher nur gewundert, was er mit den trockenen Körnern machen soll. Wenn sie für Kaffee taugen, sollst du ihm Bescheid sagen."

Seine Mutter erhitzte ein bisschen von ihrem kostbaren Fett. „Wir müssen die Körner auf jeden Fall rösten. Ein guter Kaffee braucht Röstaromen." Sie legte den Deckel auf die Pfanne mit den Maiskörnern und holte ihre Sahnekurbel aus dem Schrank.

Richard kurbelte die Sahne. Ein seltsames Geräusch störte seine Gedanken. Wer warf mit Steinchen ans Küchenfenster? Ob Charlotte kurz vorbeikam? Das Geräusch wurde stärker. Richard ging zum Fenster. Dort war niemand. Doch das Geräusch war weiterhin zu hören. Es kam vom Herd. Das Klopfen kam eindeutig aus der Pfanne mit dem Mais. Vorsichtig hob er den Deckel an. Weiße Kugeln sprangen aus der Pfanne – ihm ins Gesicht, auf den Kuchen mit den Waldbeeren und auf seine Mutter, die in diesem Augenblick in die Küche kam.

„Hilfe! Was ist das?" Rasch stellte sie die Gasflamme unter der Pfanne ab. „Was hast du gemacht?"

„Nichts!" Richard schaute unglücklich in die Pfanne. Statt gerösteter Maiskörner für den Kaffee waren dort nur seltsame weiße Kugeln. Als hätten sich die Maiskörner aufgeplustert.

„Die können wir wohl wegwerfen." Richards Mutter seufzte. „Ich schneide fix die Möhren ganz klein, um sie zu rösten. Daraus mache ich einen ‚Kaffee spezial'."

Richards Blick fiel auf den mit weißen Maisplustern verzierten Kuchen. „Und einen ‚Waldbeeren-Kuchen spezial' gibt es auch."

Obwohl sich Mutter und Sohn gegenseitig Mut zugesprochen hatten, schritt die Zeit erbarmungslos voran. Schon war es so weit: Charlotte und ihre Eltern standen vor der Tür. „Wir hatten durch einen kleinen Unglücksfall keine Kaffeebohnen mehr", erzählte Richards Mutter ganz offen, als sie den Kaffee einschenkte. „Ich hoffe, Ihnen schmeckt unser ‚Kaffee spezial' nach einem alten Familienrezept." Richard beobachtete angespannt, wie Charlottes Eltern reagierten.

Charlottes Vater sog den Duft des Kaffees ein. „Ihr Kaffee duftet hervorragend", sagte er. Er nahm einen kleinen Schluck und erklärte: „Er schmeckt vorzüglich. Das Rezept müssen Sie mir verraten. Nun bin ich gespannt auf die Schneebälle, die so wunderbar mit den schwarzen Beeren harmonieren." Er schob sich einen Plustermais in den Mund. „Was ist das?"

„Das war mal Mais!", verriet Richard und erntete einen tadelnden Blick seiner Mutter. Als sein künftiger Schwiegervater anerkennend nickte, erzählte er die ganze Geschichte ihrer Vorbereitungen.

„Alle Achtung!", fand der künftige Schwiegervater und wandte sich an Charlotte. „In eine solche Familie, in der die Fantasie zu Hause ist, gebe ich dich gerne."

**Aktivierungsfragen**

- Erinnern Sie sich an Ersatzkaffee, der meist auch Muckefuck genannt wurde? Wie wurde er in Ihrer Familie zubereitet? Duftete er wie richtiger Kaffee?
- Welchen Kuchen essen Sie am liebsten?
- Erinnern Sie sich an ein besonderes Kuchenrezept, das Sie vielleicht sogar erfunden haben? Berichten Sie davon.
- Wann haben Sie zum ersten Mal Popcorn gegessen?

Gedicht

# Kaffee-Besuch

(Heinrich Seidel, 1842–1906)

Doctors Elsa war bei mir
heut zum Kaffee um halb vier, –
welch ein nettes Mädchen!
Und ich muss es sagen doch:
Sie gefällt mir besser noch,
als Geheimraths Käthchen.

Wunderniedlich kann sie sein
und so zierlich und so fein,
ganz wie eine Dame.
Alles kleidet sie so gut,
was sie lässt und was sie thut,
ja sogar ihr Name:

Elsa Roland, – klingt das nicht
wie Musik, wenn man es spricht,
ohne alle Frage?
Ja, und wenn ihr's noch nicht wisst:
Meine beste Freundin ist
sie schon vierzehn Tage!

**Aktivierungsfragen**

- Welche Erinnerungen verbinden Sie mit einem Kaffee-Besuch?
- Kennen Sie den Begriff „Kaffee-Klatsch"? (Er bezeichnet eine Kaffee-Einladung für mehrere Personen.) War ein solcher Kaffee-Klatsch in Ihrer Familie üblich? Wer wurde dazu eingeladen?
- An welche besonderen Momente, in denen Sie Kaffee getrunken haben, erinnern Sie sich? Erzählen Sie uns davon.

# Kaffeebohnen-Magnet

Aktion

Mit dieser Bastelaktion bringen Sie den Kaffeeduft ins Haus.

**Das wird benötigt:**
- Kaffeebohnen
- flüssiger Klebstoff
- dicke Pappe
- pro Person 1 flacher Magnet (mind. 3 cm Durchmesser)
- oder stärkere selbstklebende Magnetfolie, die zugeschnitten werden kann

**So wird's gemacht**

1. Auf die Vorderseite der Magnete werden mit Flüssigklebstoff Kaffeebohnen geklebt. Alternativ Magnetfolie zuschneiden und auf die Klebeseite zunächst dicke Pappe kleben, um dem Magnet Festigkeit zu verleihen. Dann die Kaffeebohnen dicht aufkleben.
2. Kleber trocknen lassen. Es empfiehlt sich, am Ende zwischen den Bohnen nochmals Flüssigkleber zu verteilen und die Magnete gut trocknen zu lassen, damit die Bohnen nicht so leicht abfallen können.

# 8 Kohl

**Schon gewusst?**

- Für die einen ist der Geruch von gekochtem Kohl unangenehm und lästig, während anderen bei dem Duft das Wasser im Mund zusammenläuft. Brassica lautet der offizielle Name der Familie, zu der sich der Kohl zählen darf, der auch den Namen Kraut oder Kappes führt.
- Bei uns am meisten verbreitet ist u. a. der Rotkohl, der wegen seiner bläulichen Farbe auch Blaukraut genannt wird. Während der Rotkohl und der Weißkohl glatte Blätter haben, hat der verwandte Wirsing krause Blätter.
- Der Rosenkohl verdankt seinen Namen der Tatsache, dass die Köhlchen wie Rosenknospen aussehen, die an einem Strunk wachsen. Da dieser Kohl im 19. Jahrhundert in Brüssel entdeckt wurde, heißt er mancherorts auch Brüsseler Kohl.
- Blumen haben auch bei einem weiteren beliebten Kohl Pate gestanden: Allerdings trägt der Blumenkohl viele Zusatznamen – Karfiol, Käsekohl, Blüten- und Traubenkohl, Minarett-Kohl oder Italienischer Kohl.
- Kohl hat eine große Vielfalt zu bieten und soll auch noch gesundheitsfördernd sein. Als typisches Wintergemüse enthält er Vitamin C und andere Vitamine und Mineralstoffe. Mit diesem Wissen kann man sich mit dem Duft von Kohl doch wirklich arrangieren.

Geschichte

## Krautfest

„Na, Manni, hast du ordentlich geübt?", wurde Manfred beim Krautfest auf dem Vorplatz des alten Rathauses empfangen. Als er die Männer aus seinem Kegelclub sah, wurde er nervös. Beim letzten Kegeln hatte er nach ausgiebigem Weingenuss behauptet, er würde in diesem Jahr beim Krauthobelwettbewerb antreten. Aus der Sache kam er nicht heraus.

„Abwarten", antwortete er mit einem halben Grinsen, das alles und nichts bedeuten konnte.

„Wir setzen auf dich!", versprachen die Männer, was Manfreds Nervosität nur erhöhte.

„Lasst das lieber, spendet euer Geld besser für einen der Vereine. Diese Wetten sind sowieso Quatsch." Manfred war nicht sicher, ob es ihm gelungen war, seine Freunde von Wetteinsetzen abzuhalten.

„Hey, du willst wohl kneifen, was?" Das Gelächter der Kegelkameraden klang wie einstudiert und sehr spöttisch.

„Komm, ich begleite dich zum Anmelden." Sein Spezi Alfons klopfte ihm auf die Schulter und schob ihn halb zum Tisch des Organisationskomitees. „Hier habe ich noch einen Kandidaten", sagte Alfons jovial.

„Wofür?" Die junge Frau hinter dem Tresen sah die beiden Männer erstaunt an.

„Na, für das Wetthobeln", erklärte Alfons. „Hier, unser Kegelkönig will zeigen, was er kann."

„Äh, aber die Listen sind längst geschlossen", erwiderte die junge Frau. „Wie hätten wir das mit den Wetten sonst organisieren sollen?"

Manfred hatte das Gefühl, Alfons, die junge Frau und alle Umstehenden könnten hören, wie ihm ein Stein vom Herzen fiel.

„Das gibt's doch nicht!" Alfons starrte die junge Frau noch immer fassungslos an. „Wir haben uns so darauf gefreut, ihn anzufeuern!"

Die junge Frau holte das Programm der Veranstaltung hervor und sah es durch. „Da haben wir das Dekorieren der Kohlköpfe, aber das ist eigentlich nur für Kinder." Sie feixte, als Alfons seinen Freund dazu überreden wollte.

„Wie wäre es mit ...", sie kicherte, ehe sie den Vorschlag machte. „Wie wäre es mit dem Schnupper-Wettbewerb. Da müssen die Teilnehmer riechen, wie das Kraut zubereitet wurde. Da kann man sich noch anmelden!"

„Kraut riechen?" Manfred starrte sie verblüfft an. Er liebte Kraut in allen Zubereitungsarten. Schon bei dem Gedanken an eine Krautroulade hatte er den Duft in der Nase, wie sich der Kohl mit dem Gehackten vereinte. „Da mache ich mit", sagte er, ehe sein Freund reagieren konnte.

„Guck mal, da gibt es richtig tolle Preise!" Alfons zeigte auf die Liste der in Aussicht gestellten Schnupperprämien. „Du musst nicht mal Erster werden."

„Wow, einen Rundflug wollte ich immer schon mal machen." Manfred spürte, wie der Ehrgeiz ihn packte. Er füllte einen Anmeldeschein aus und ging mit Alfons zurück an den Tisch.

„Wenn ihr mir helfen wollt, organisiert ihr mir alle Krautspeisen, die es auf dem Fest gibt", bat er seine Kegelbrüder. Die schwärmten aus und wenig später standen Krautsalat, Krautfleckerl, Krautkuchen, Schupfnudeln mit Sauerkraut und Allgäuer Krautkrapfen auf dem Tisch. Manfred sog die Düfte der Speisen auf und aß jeweils eine Gabel.

Als er bei der letzten Speise angelangt war, hallte es über den Platz: „Alle Teilnehmer des Krautschnupperns bitte nach vorn kommen!"

Manfred drängte sich nach vorne. Der Bürgermeister persönlich verband allen Teilnehmenden die Augen mit einem Schal mit aufgedrucktem Stadtwappen. „Noch einmal die Spielregeln. Wer als Erster das Gericht errät, bekommt den Punkt. Wer die meisten Punkte hat, gewinnt."

Die ersten Teller wurden verteilt. Manfred schnupperte. Auf jeden Fall war das etwas Warmes. Eine Krautroulade? Aber fehlte da nicht der Duft des Gehackten? Ein Krautkuchen? Oder doch die Schupfnudeln mit Sauerkraut? In seinem Kopf wirbelte alles durcheinander.

Was auch immer ihm hier nach und nach präsentiert wurde, er rätselte zu lange. Die anderen waren einfach schneller. Eine Kandidatin war besonders auf Zack: Sie war fast immer die Erste.

„Das ist der letzte Durchgang!", verkündete der Bürgermeister.

„Krautsalat!", rief Manfred, ohne an dem Teller zu riechen. Bisher waren alle Gerichte warm gewesen, das konnte nur der kalte Salat sein.

„Richtig, Ihr erster Punkt!", sagte der Bürgermeister. „Sie dürfen jetzt die Augenbinden abnehmen. Die Schals dürfen Sie natürlich behalten. Ich denke, wir müssen nicht lange zählen. Der erste Platz geht an Hannelore Pfleiderer!"

Manfred sah die Frau an und spürte, wie sein Herzschlag kurz aussetzte. Was für eine tolle Frau! Nun wandte sie sich ihm zu.

„Der Rundflug ist für zwei Personen. Haben Sie Lust, mich zu begleiten? Wer einen Krautsalat schneller erkennt als ich, den muss ich kennenlernen."

Manfred lächelte selig. Der Spott seiner Kegelbrüder prallte an ihm ab. Er hatte zwar nicht den Wettbewerb gewonnen, aber vielleicht ein Herz.

**Aktivierungsfragen**

- In welcher Form mögen Sie Kohl, Kraut oder Kappes am liebsten?
- Kennen Sie solche Brauchtumsfeste wie das Krautfest in unserer Geschichte? Welche kennen Sie?
- An welches Erlebnis mit einer Freundesgruppe erinnern Sie sich besonders gern?

Gedicht

# Der Kohl

(Wilhelm Busch, 1832–1908)

Unter all den hübschen Dingen
in der warmen Sommerzeit
ist ein Korps von Schmetterlingen
recht ergötzlich insoweit.

Bist du dann zu deinem Wohle
in den Garten hinspaziert,
siehst du über deinem Kohle
muntre Tänze aufgeführt.

Weiß gekleidet und behände
flattert die vergnügte Schar,
bis dass Lieb und Lust zu Ende
wieder mal für dieses Jahr.

Zum getreuen Angedenken,
auf den Blättern kreuz und quer,
lassen sie zurück und schenken
dir ein schönes Raupenheer.

Leidest du, dass diese Sippe
weiterfrisst, wie sie begehrt,
kriegst du, nebst dem Blattgerippe,
nur noch Proben ohne Wert.

Also ist es zu empfehlen,
lieber Freund, dass du dich bückst
und sehr viele Raupenseelen,
pitsch, aus ihren Häuten drückst.

Denn nur der ist wirklich weise,
der auch in die Zukunft schaut.
Denk an deine Lieblingsspeise:
Schweinekopf mit Sauerkraut.

**Aktivierungsfragen**
- Welches ist Ihre Lieblingsspeise?
- Welche Erinnerungen haben Sie an Schmetterlinge?
- Haben Sie je Gemüse angebaut? Welches war das?

# Gemeinsam Krautsalat zubereiten

Aktion

Krautsalat eignet sich hervorragend, um ihn mit anderen gemeinsam zuzubereiten, da in der Regel viel klein geschnitten werden muss.

**Das wird benötigt:**
- 1 Weißkohl
- 1 Zwiebel
- ca. 7–10 EL Essig
- 3 EL Öl
- Salz
- Zucker
- Kümmel
- Pfeffer
- genügend Küchenmesser oder Reibeisen und Schneideunterlagen für die Teilnehmenden
- 1 große Salatschüssel
- Schüssel zur Zubereitung des Dressings

**So wird's gemacht**

1. Die äußeren Blätter des Weißkohls werden entfernt, und der Kohl wird unter fließendem kaltem Wasser abgewaschen. Der Strunk wird herausgeschnitten. Der Kohl wird in so viele Teile geschnitten wie Personen sich beteiligen (evtl. einen weniger, da auch die Zwiebel geschnitten werden muss).
2. Die Kohlstücke werden in möglichst feine Streifen geschnitten oder gehobelt, die Zwiebel in kleine Würfel.
3. Der Kohl wird in die große Schüssel gegeben, und es werden 4 EL Essig, 1 TL Salz und 1 TL Zucker hinzugegeben.
4. Der Kohl wird ca. 10 Minuten mit beiden Händen geknetet, bis sich eine trübe Flüssigkeit bildet. (Dadurch wird der Kohl weicher und sanfter.) Die Flüssigkeit abschütten!
5. Die gewürfelte Zwiebel wird für das Dressing mit dem restlichen Essig und Öl in einer kleinen Schüssel verrührt.
6. Der Kümmel wird zu dem Kohl gegeben. Dann das Dressing mit dem Kohl vermengen.
7. Der Salat sollte mindestens zwei Stunden ziehen und anschließend mit Pfeffer, Salz und Zucker abgeschmeckt werden, ehe er zum Abendessen serviert wird.

# 9 Maiglöckchen

Schon gewusst?

- Schon der Name dieser Pflanze zaubert ein Lächeln in die Gesichter: Maiglöckchen, das klingt nach Frühling und Sonne, nach Wärme und verheißt eine schöne Zeit. Da wundert es nicht, dass diese Pflanze in Frankreich einen ganzen Tag bestimmt. Den 1. Mai nämlich. Wer an diesem Tag Maiglöckchen bekommt, soll das ganze Jahr Glück haben.
- „Das Glück kehrt zurück", lautet die Bedeutung des Maiglöckchens in der Blumensprache. Einer Legende zufolge geht der Brauch, Maiglöckchen an geliebte Menschen zu überreichen, zurück auf den französischen König Charles IX., der 1560 an seine Hofdamen Maiglöckchen verschenkte.
- Im Mittelalter wurde das Maiglöckchen auch als Heilpflanze eingesetzt. Heute finden sich Essenzen des Maiglöckchens vor allem in Düften für Damen und Herren - erstaunt es da noch, dass das Maiglöckchen im Französischen sogar Pate wurde für ein Verb? „Mugueter" nach „muguet" für „Maiglöckchen" sagte man früher für „verführen"!
- Kein Wunder, dass die Franzosen zum 1. Mai Massen an Maiglöckchen benötigen. Die meisten kommen aus der Nähe von Hamburg. Dort werden sie auf einer Fläche von 15 Hektar angebaut und nach Frankreich exportiert.

## Das Glück kehrt zurück

Geschichte

Klingelingeling! Klingelingeling!, hallte es durch den Flur von Elviras Wohnung. Eine Stimme rief von der Eingangstür her: „Alles in Ordnung, Frau Bergmann?"

Elvira öffnete die Augen und sah den Streifen blauen Himmel durch ihr Fenster. Wer mochte das an der Tür sein? So früh am Morgen? Elvira schaute zur Seite. Die Anzeige auf ihrem Radiowecker blinkte. Das tat sie nur, wenn es einen Stromausfall gegeben hatte. Elvira schaltete die Nachttischlampe an, obwohl es taghell war im Zimmer. Das Licht funktionierte, die Türklingel funktionierte. Das musste ein kurzer Aussetzer gewesen sein. Allerdings …

Elvira schwang die Beine aus dem Bett und griff nach dem Morgenmantel. Wie gut, dass der griffbereit neben dem Bett lag. Man konnte ja nie wissen. Eilig schlüpfte sie in ihre Pantoffeln. Auf dem Weg in die Küche stieß sie an die Vase mit den Maiglöckchen, die ihre Tochter ihr zum Geburtstag geschenkt hatte. Das Wasser und der betörende Duft der Maiglöckchen breiteten sich im Flur aus. Elvira starrte auf den Boden.

Klingelingeling!, ertönte es schon wieder. „Frau Bergmann, wir haben einen Termin!"

Die alte Uhr an der Wand zeigte 9:15 Uhr an. Um 9 Uhr wollte der Friseur kommen! Seit 40 Jahren schnitt er ihr die Haare, nun war er in Rente. Aus alter Verbundenheit frisierte er sie zu Hause.

Elvira riss sich zusammen. Sie warf ein Handtuch auf die Wasserlache und hob die Maiglöckchen auf. „Ich komme!", rief sie und schlurfte zur Tür. „Bitte entschuldigen Sie, ich habe verschlafen."

Vor der Tür stand statt des alten Herrn ein junger Mann. „Herr Meier kann heute nicht, er hat mich geschickt."

Elvira seufzte. Wenn sie das gewusst hätte, hätte sie sich lieber im Salon jemanden ausgesucht. Aber nun war er schon da.

„Ich weiß genau, wie Sie Ihre Haare wollen", versprach der junge Mann und stellte sich als Max vor.

Elvira sah an sich herunter. In der Hand hielt sie die Maiglöckchen, der Morgenmantel war über dem Nachthemd aufgegangen. Schlimmer konnte der Tag nicht werden. „Kommen Sie!", bat sie den Friseur. In der Küche stellte sie die Maiglöckchen in ein Glas. Sie verbreiteten einen beruhigenden Duft, während der junge Mann kurz darauf mit der Schere um ihren Kopf herumschnippelte.

„Bitte unter den Ohren abschneiden", ermahnte Elvira ihn. „Ich habe es gerne warm. Auch wenn wir fast Mai haben, wird es doch kühl, wenn die Sonne weg ist."

Der junge Friseur schnitt stumm an ihren Haaren herum. „Wollen Sie mal schauen?", sagte er schließlich und hielt Elvira einen Spiegel hin.

„Aber, aber ..." Ihr fehlten die Worte. Sie musste zweimal hinsehen, um sich zu erkennen. Statt des hübschen Pagenschnitts, auf den sie so stolz war, hatte sie nun eine Igelfrisur.

„Gefällt es Ihnen nicht?" Nun merkte der junge Mann, dass etwas nicht stimmte.

„Sie sollten doch nur die Spitzen schneiden!" Elvira zwang sich, die Tränen herunterzuschlucken. „Ich sehe aus wie ein Punker!"

„Dazu müssten Sie bunte Haare haben", widersprach Max.

„Gehen Sie!", war alles, was Elvira herausbrachte. Sie wies auf die 20 Euro, die sie am Tag zuvor bereitgelegt hatte. „Nehmen Sie! Gehen Sie! Kommen Sie nie wieder!"

Die Tür klappte zu, und Elvira ging ins Badezimmer. Sie setzte die Brille auf, die neben dem Zahnputzbecher lag. Der Schnitt war nicht schlecht, aber das war eben nicht sie da im Spiegel.

Unschlüssig schlurfte sie in die Küche, um sich einen Kaffee zu kochen. Was für ein Start in den Tag! Zuerst der Wecker, der sie nicht geweckt hatte, dann die heruntergefallene Vase mit den Maiglöckchen und jetzt auch noch der misslungene Haarschnitt. Am besten würde sie einfach wieder ins Bett gehen.

In diesem Augenblick klingelte es an der Tür. Elvira hörte nicht darauf. Sie würde sich den Tag nicht von weiteren Überraschungen verderben lassen. Doch das Klingelingeling! folgte ihr bis ins Schlafzimmer.

„Alles in Ordnung, Frau Bergmann?", rief eine Männerstimme.

Das hatte Elvira doch schon einmal gehört. Hatte Sie etwa alles nur geträumt?

„Frau Bergmann. Wir hatten einen Termin!"

Elvira schüttelte sich. Dann öffnete sie entschlossen die Wohnungstür. Ein Mann stand davor. In der Hand hielt er einen buschigen Strauß Maiglöckchen, deren süß-herben Duft ihr der Wind entgegenwehte.

„Bitte entschuldigen Sie, Frau Bergmann", sagte der Mann. „Ich war heute beim Arzt und musste so lange warten. Da habe ich Ihnen meinen Enkel geschickt. Aber er hat mir wohl nicht richtig zugehört. Er sagt, er hätte mich am Handy nicht verstanden."

Elvira starrte ihren alten Friseur an. Sie wusste nicht, was sie denken und sagen sollte.

„Die Frisur steht Ihnen übrigens ausgezeichnet", fuhr Herr Meier fort. „Ich hätte es nie gewagt, die Haare so kurz zu schneiden. Sie sehen zehn Jahre jünger aus."

„Wollen Sie nicht hereinkommen?", schlug Elvira vor. „Ich habe gerade Kaffee aufgesetzt."

Auf dem Weg zur Küche blickte sie in den Flurspiegel. So schlecht war die neue Frisur wirklich nicht.

„Wissen Sie, ich wollte schon wieder schlafen gehen", verriet sie wenig später am Küchentisch. „Heute ist ein richtiger Pechtag. Zuerst habe ich verschlafen, dann ist die Vase mit den Maiglöckchen heruntergefallen und dann auch noch die verpatzte Frisur. Es heißt immer: Aller guten Dinge sind drei. Ich glaube, heute hat das Pech dreimal zugeschlagen."

Herr Meier lächelte und zeigte auf den Maiglöckchenstrauß zwischen ihnen. „Das wird sich ändern. Maiglöckchen bringen das Glück zurück, das hat mir die Floristin verraten."

Elvira lächelte ebenfalls. Sie beugte sich vor und sog den Duft der Maiglöckchen ein. Ja wirklich, es sah ganz danach aus, als wäre mit diesem Sträußchen das Glück ins Haus gekommen.

**Aktivierungsfragen**

- Wann hat Ihnen jemand einen Strauß Ihrer Lieblingsblumen geschenkt? Wer war das?
- Welchen Blumenduft mögen Sie besonders gern?
- Wie wird oder wurde das Maiglöckchen in Ihrer Region genannt?
  Mögliche Antworten:
  - Aprilenglöckle (Schwaben bei Geißlingen)
  - Eenstengelkenbläder (Mecklenburg)
  - Herrenblümli (Graubünden)
  - Hillgenkümmveilchen (Weser bei Wildeshausen)
  - Maienschällchen (Gotha in Thüringen)
  - Maienzacken (Schwaben)
  - Maiglocken (Unterweser)
  - Maile (Schwaben)
  - Maiblume
  - Marienblume
  - Marienglöckchen
  - Marienträne
  - Frauenträne
  - Schneetropfen
- Erinnern Sie sich an Maiglöckchen-Parfum?

**Gedicht**

Maiglöckchen sind so beliebt, dass sich auch manche Dichter damit befasst haben, zum Beispiel August Heinrich Hoffmann von Fallersleben im 19. Jahrhundert in dem Gedicht „Maiglöckchen und die Blümelein".

## Maiglöckchen und die Blümelein

(August Heinrich Hoffmann von Fallersleben, 1798-1874)

Maiglöckchen läutet in dem Tal,
das klingt so hell und fein,
so kommt zum Reigen allzumal,
ihr lieben Blümelein!

Die Blümchen, blau und gelb und weiß,
sie kommen all herbei,
Vergissmeinnicht und Ehrenpreis
und Veilchen sind dabei.

Maiglöckchen spielt zum Tanz im Nu
und alle tanzen dann.
Der Mond sieht ihnen freundlich zu,
hat seine Freude dran.

Den Junker Reif verdross das sehr,
er kommt ins Tal hinein;
Maiglöckchen spielt zum Tanz nicht mehr.
Fort sind die Blümelein.

Doch kaum der Reif das Tal verlässt,
da rufet wieder schnell
Maiglöckchen auf zum Frühlingsfest
und leuchtet doppelt hell.

Nun hält's auch mich nicht mehr zu Haus,
Maiglöckchen ruft auch mich.
Die Blümchen gehn zum Tanze aus,
zum Tanze geh auch ich!

**Aktivierungsfragen**

- Welche „Blümelein" meint der Autor im Titel seines Gedichts? (Vergissmeinnicht, Ehrenpreis, Veilchen)
- Haben Sie jemals einen Maiglöckchenstrauß bekommen? Erzählen Sie uns davon.
- Welche Blumen verbinden Sie mit dem Monat Mai?

## Maiglöckchen-Karte gestalten

Aktion

Da die Blüten der Maiglöckchen giftig sind, eignen sie sich nicht für Aktionen. Aber wer sagt denn, dass Maiglöckchen in natürlicher Form überreicht werden müssen? Mit Farbstiften und Papier lässt sich eine zauberhafte Karte gestalten, die ihren Dienst als Liebesgruß ebenso tut wie das echte Maiglöckchen.

**Das wird benötigt:**

- pastellfarbener Karton in Postkartengröße oder Klappkarten
- weißes Papier
- grüne Farbstifte für Stiel und Blätter
- ggf. weitere Farbstifte
- dickere Klebepads
- Klebestift

**So wird's gemacht**

1. Zeichnen Sie auf dem weißen Papier Maiglöckchenblüten vor oder bitten Sie die Teilnehmenden, dies zu tun. Alternativ können Sie auch die Blüten der Kopiervorlage (siehe S. 66) verwenden.
2. Die Blüten werden danach ausgeschnitten und mit Klebepads auf die pastellfarbenen Karten geklebt, dadurch wirken sie dreidimensional.
3. Ausgehend von der Blüte, wird mit einem großen Bogen ein Maiglöckchen-Stängel gezeichnet und vom Ende des Stängels Blätter gemalt. Besonders hübsch sehen mehrere Blüten an einem Stängel aus.
4. Nun kann die Rückseite oder der Innenteil der Karte beschrieben werden, aber das Werk kann auch mit oder ohne Rahmen aufgestellt oder verschenkt werden.

Kopiervorlage

# 10 Meer

**Schon gewusst?**

- Es gibt Düfte, die lassen sich nicht in Tiegel oder Flaschen verpacken, die muss man vor Ort erleben. Doch wenn man sie einmal in der Nase hatte, kommen sie wieder, sobald man sich an diesen Ort erinnert. So ist es mit dem Duft des Meeres, der unverwechselbar und doch nur schwer zu beschreiben ist. Am Meer riecht es nach Salz und Fisch und ein wenig nach Holz und Tang und allem, was sonst im Wasser treibt.
- Das Meer ist die riesige zusammenhängende Wassermasse, die über 70 Prozent der Erdoberfläche bedeckt. Wenn wir davon träumen, „ans Meer" zu fahren, haben wir nur einen kleinen Abschnitt davon vor Augen – meist mit Sand, Strand und Sonnenstrahlen, die auf dem Wasser glitzern. Wir sehen uns im Strandkorb liegen oder im Schatten einer Palme.
- Durch den Gezeitenstrom von Ebbe und Flut mischt sich die Zusammensetzung des Wassers natürlich neu, und womöglich werden auch neue Dinge an Land gespült. Neben Treibholz und Muscheln, die Sammlerherzen höher schlagen lassen, werden zum Teil auch Abfall oder Ölrückstände an den Strand gespült, die den Lebensraum der Tiere beeinträchtigen und uns daran erinnern, dass wir mit unserer Umwelt sorgsam umgehen und sie schützen müssen.

**Geschichte**

## Immer der Nase nach

Die drei Freunde Berthold, Oskar und Emil waren mit dem Zug an die Nordsee gereist. An einem verlängerten Wochenende wollten sie es sich dort gut gehen lassen, E-Bikes leihen und schöne Touren damit machen.

„Wir haben nur zwei E-Bikes mit Navigationsgerät für Sie", sagte der Besitzer des Fahrradverleihs. „Das versprochene dritte wurde uns leider defekt zurückgebracht und muss erst repariert werden."

„Ach, diese E-Bikes und Navis sind doch sowieso nur neumodischer Schnickschnack", beruhigte Berthold den Mann. „Geben Sie mir ein normales Hollandrad, damit komme ich am besten zurecht."

Oskar und Emil lachten. „Da wirst du wohl einsame Touren unternehmen. Wir hängen dich am ersten Berg ab", spottete Oskar.

„Ich sehe hier keinen Berg", erwiderte Berthold. „Wartet's ab und genießt erst einmal die frische Meeresluft. Dieser Duft aus Wasser und Salz, Tang und einer Note Fisch! Herrlich! Das ist durch nichts zu toppen." Begeistert breitete er die Arme aus und atmete tief ein.

Doch Oskar und Emil konnten es nicht erwarten, zu ihrer Pension zu radeln. Die drei Männer stiegen auf ihre Räder und machten sich auf den Weg. Während Berthold fest in die Pedale treten musste, ließen sich Oskar und Emil mühelos von den Motoren ihrer E-Bikes voranbringen. In der Pension angekommen, ließen sie sich einen Einstellplatz zeigen und nahmen am vorbereiteten Abendbrottisch Platz.

„Lasst uns an den Strand fahren und sehen, ob wir drei Strandkörbe finden", schlug Emil am nächsten Morgen vor.

„Wisst ihr was, am besten fahren wir getrennt zum Strand", meinte Berthold. „Mit euren Motoren und Navis kommt ihr auf den Straßen gut zurecht. Ich fahre der Nase nach. Da kann ich Schleichwege nutzen, die euer Navi nicht kennt."

Oskar lachte. „Haha! Wenn du vor uns ankommst, gehe ich den Rest des Wochenendes zu Fuß!"

„Los geht's", sagte Berthold und trat in die Pedale. Auf dem Weg ärgerte er sich über seinen großspurigen Wunsch, das einfache Hollandrad zu leihen. Es war schwer. Zwar gab es keine Berge, aber der Wind vom Meer wehte ihm entgegen. Immerhin brachte er den Duft des Meeres mit, sodass er tatsächlich der Nase nach fahren konnte. Er versuchte, strikt geradeaus zu fahren. Die Karte hatte er im Kopf. Die Pension lag an einer gedachten geraden Linie in Richtung Strand. Er hatte das Gefühl, gut in der Zeit zu sein. Vielleicht gelang es ihm tatsächlich, die anderen mit ihren modernen Rädern zu besiegen. Bei dem Gedanken trat er im Stehen in die Pedale, um die sanfte Steigung zur Düne zu bewältigen.

Als er oben auf der Düne ankam, hielt er an. Er suchte den Strand nach zwei E-Bikes ab, konnte aber keines entdecken. Stattdessen fielen ihm drei Strandkörbe auf, die im Halbkreis angeordnet waren.

„Guten Tag!", sagte er zu der Frau beim Strandkorbverleih.

„Moin!", antwortete ihm diese. „Was kann ich für Sie tun?"

„Waren bereits zwei Männer hier und haben drei Strandkörbe gemietet?"

Die Frau schüttelte den Kopf. „Ich bin seit 8 Uhr hier. Da war keiner!"

„Dann nehme ich die drei Strandkörbe", erklärte Berthold. Zufrieden schob er sein Rad hinter die Strandkörbe und befestigte es an dem Pfeiler dahinter. Er sah auf die Uhr. Emil und Oskar müssten längst hier sein. Unruhig holte er das Handy aus der Tasche. Es gab keine Anrufversuche oder Nach richten. Er beschloss, es sich in seinem Strandkorb gemütlich zu machen.

Eine Stunde später wurde Berthold von seinen Freunden geweckt. Beide hatten hochrote Köpfe. Berthold war nicht klar, ob die Farbe von der Anstrengung kam oder ob den beiden peinlich war, dass sie so viel später eintrudelten. „Wo wart ihr denn?", wollte er wissen.

Emil schwieg. Oskar druckste herum. „Das Navi hatte keinen Empfang auf der Strecke", schimpfte er. „Unmöglich, dass uns der Typ beim Fahrradverleih das nicht gesagt hat."

„Wir sind dann auch nach der Nase gefahren. War nicht so schwer, die salzige Luft schlägt einem ja entgegen", nuschelte Emil.

„Wenn man in die richtige Richtung fährt", zischte Oskar. „Emil hat uns zuerst mehrere Kilometer vom Meer weggeführt."

Berthold war froh, dass er alleine gefahren war. „Ihr hattet ja die E-Bikes, da konntet ihr die Kilometer schnell zurückfahren."

Die beiden sahen betreten zu Boden.

„Was ist mit euren Fahrrädern? Haben sie den Geist aufgegeben?", fragte Berthold.

„Wir haben vergessen, die Akkus aufzuladen." Oskars Stimme war kaum zu verstehen. Berthold erinnerte sich, dass der Fahrradverleiher den Freunden eingeschärft hatte, unbedingt über Nacht die Batterie aufzuladen. Er grinste. „Das könnt ihr ja dann in den nächsten Tagen in Ruhe machen. Du wolltest ja sowieso zu Fuß gehen, Oskar." Er kostete die betrübten Gesichter der beiden Freunde ein wenig aus. Dann sagte er: „Aber ganz ehrlich, ich gehe auch gern zu Fuß. Da kriegt man viel mehr zu sehen. Und die Pension ist nicht weit vom Strand entfernt. – Jetzt hoffe ich aber sehr, dass unser Bier nicht warm geworden ist in der Zwischenzeit."

Emil und Oskar holten das Bier aus den Packtaschen. Es war nicht mehr ganz kalt, schmeckte nach der Anstrengung aber trotzdem herrlich.

**Aktivierungsfragen**

- Was fällt Ihnen ein, wenn Sie an den Duft des Meeres denken?
- Waren Sie einmal am Meer? Wo war das?
- Sind Sie früher Fahrrad gefahren? Welche besonderen Erlebnisse verbinden Sie damit?

## Das Meer

Gedicht

(Friederike Kempner, 1828–1904)

Grüß mir das Meer,
silberne Wellen
rauschen und schwellen,
schön ist das Meer!

Grüß mir das Meer,
golden es schäumet,
ob es auch träumet?
Tief ist das Meer.

Grüß mir das Meer,
glücklich es scheinet
Ströme es weinet,
groß ist das Meer.

**Aktivierungsfragen**

- Mit welchen Adjektiven würden Sie das Meer beschreiben?
- Sind Sie einmal im Meer geschwommen? Wie war das?
- Welche Lieder über das Meer fallen Ihnen ein? („Wo die Nordseewellen", „Capri-Fischer", „My Bonnie is over the Ocean", „De Hamburger Veermaster" …)

Aktion

## Der Strand auf dem Tisch

Am schönsten wäre es natürlich, wenn Sie mit Ihren Seniorinnen und Senioren an einen schönen Strand fahren und dort den Duft des Meeres einatmen könnten … Sie können aber stattdessen ein wenig Strandatmosphäre zu sich ins Zimmer holen.

**Das wird benötigt:**

- feiner Sand
- Salz
- Muscheln und kleine Stöckchen
- breite Glasschale oder große gläserne Auflaufform

**So wird's gemacht**

1. Schütten Sie den feinen Sand und das Salz im Verhältnis 10:1 in die Glasschale.
2. Lassen Sie alle Teilnehmenden reihum Salz und Sand mit den Händen vermischen. Fragen Sie nach, woran sie dieses Gefühl an den Händen erinnert.
3. Fügen Sie die Muscheln und Stöckchen hinzu und vermischen Sie sie mit dem Salzsand.
4. Reihum tasten die Teilnehmenden nun im Sand nach einem Gegenstand.
5. Ehe sie ihn herausholen, raten sie, was sie gefunden haben. Dann zeigen sie den Fund und vergraben ihn wieder im Sand.

# 11 Orange

Schon gewusst?

- Die Orange ist eine Zitrusfrucht, die im 15. Jahrhundert in Europa Verbreitung fand. Portugiesische Seefahrer brachten sie von ihren Erkundungszügen mit, begeistert, wie süß die Frucht duftete und schmeckte.
- Schon zuvor gab es eine Orangenart in Europa, die aber eher bitter war. Die Bitterorange oder Pomeranze kam im 11. Jahrhundert aus China nach Europa. Ihre Herkunft findet sich bis heute in dem Wort „Apfelsine" wieder: Es entstand aus „Apfel Chinas", was auch in der niederländischen Bezeichnung „sinaasappel" bis heute deutlich wird.
- Ihre beispiellose Karriere begann die Orange allerdings erst im 15. Jahrhundert in ihrer süßen Form, und heute gilt sie als die Zitrusfrucht, die am häufigsten angebaut und genutzt wird – auf der ganzen Welt.
- Die Orange wird nicht nur gerne als Obst gegessen. Der Fruchtsaft wird getrunken, und selbst die Schale findet beim Kochen und Backen vielseitige Verwendung.
- Durch Pressen kann aus der Schale ein duftendes ätherisches Öl gewonnen werden. In Wasser getropft und über einem Teelicht erwärmt, verströmt das Öl sofort einen frischen Duft nach Orange, der bei vielen Menschen positive Gefühle hervorruft.

## Der andere Adventskalender

Geschichte

„Oh nein! Morgen ist ja schon der 1. Dezember!" Johanna starrte entsetzt auf das Kalenderblatt. 30. November stand dort. Drei Wochen lang war sie zur Kur am Tegernsee gewesen, ausgerechnet in den drei Wochen vor dem ersten Advent.

Am 1. Dezember vor 60 Jahren hatte sie sich heimlich mit ihrem Albrecht verlobt. Er hatte ihr einen schmalen goldenen Armreif geschenkt. Sie hatte ihm eine Orange geschenkt – Orangen waren damals nur schwer zu bekommen. Gemeinsam hatten sie sich an dem süßen Duft erfreut und Spalte für Spalte geteilt. Sie hatte ihm auch einen Adventskalender aus 24 Walnüssen gebastelt. War das eine Arbeit gewesen, die Walnüsse zu öffnen, ohne dass die Schalen zerbrachen! Die Nusskerne hatte sie ersetzt durch kleine Zettelchen mit Wünschen und Liebesgrüßen.

Seitdem hatte sie an jedem 1. Dezember von Albrecht einen weiteren schmalen Goldreif bekommen, und sie hatte für ihn einen neuen Adventskalender aus Walnüssen gebastelt.

Johanna öffnete den Mund und schloss ihn dann gleich wieder. Sie konnte ihrem Mann nicht eingestehen, dass sie den Adventskalender vergessen hatte. Mit einem Blick auf Albrecht nahm sie das Telefon aus der Ladeschale und schlich ins Schlafzimmer. Vielleicht hatte ihre Tochter Isabell eine Idee. Hoffnungsvoll tippte sie Isabells Handynummer. Vergebens. Isabell war nicht erreichbar.

Nun klingelte es auch noch an der Wohnungstür. Im Hausflur stand die Nachbarin, Frau Schuster, mit einer Schale Apfelsinen.

„Ich will nicht stören, ich möchte Sie nur schnell willkommen heißen", sagte Frau Schuster. „Sicher brauchen Sie noch Vitamine nach der Kur, deshalb bringe ich Ihnen ein paar Orangen."

„Dankeschön." Johanna nahm die Schale mit den Apfelsinen entgegen.

„Mein Mann meinte ja, ich sollte Ihnen lieber die Walnüsse mitbringen, die wir gesammelt haben. Wir dürfen ja keine essen – wegen der Allergie", erzählte die Nachbarin.

Johanna frohlockte. „Die nehme ich sehr gerne."

„Wenn ich das gewusst hätte." Frau Schuster schaute Johanna betrübt an. „Wir haben sie unserem Enkel mitgegeben für den Kindergarten."

Johanna sank in sich zusammen. „Schade. Lassen Sie uns doch demnächst einen Kaffee trinken, jetzt bin ich knapp in der Zeit", verabschiedete sie die Nachbarin. In etwa 20 Stunden würde Albrecht ihr den goldenen Reif überreichen, und sie würde mit leeren Händen dastehen.

Die Nachbarin hatte Johanna allerdings auf eine Idee gebracht. Hinter dem Haus, in dem ihre Schwester Antonia wohnte, stand ein Walnussbaum. Sicher lagen dort Walnüsse. Sie tippte Antonias Telefonnummer und freute sich, als ihre Schwester sich direkt meldete. „Guten Morgen, Antonia", sagte Johanna. „Ich brauche deine Hilfe."

„Ich kann dir aber nichts bringen", verkündete Antonia sofort. „Ich habe mir den Fuß verstaucht." Sie erzählte ausführlich von dem Sturz und dem Besuch beim Arzt.

Johanna wurde unruhig. „Entschuldigung, kannst du mir das ein anderes Mal erzählen? Ich brauche ganz dringend Walnüsse. Hast du welche da?"

Ihre Schwester klang beleidigt, als sie antwortete: „Die Walnüsse sind vom Förster abgeholt worden. Wofür brauchst du die denn so dringend?"

Johanna erklärte ihrer Schwester die Situation: Keine Walnüsse, kein Adventsgeschenk und ein trauriger Start in den Advent.

„Ich habe da eine Idee", sagte Antonia. „Ich habe beim Arzt im Wartezimmer etwas in einer Zeitschrift gelesen." Sie redete und redete, und bei jedem Satz wurde Johanna ruhiger und glücklicher.

„Guten Morgen, mein Schatz", begrüßte Albrecht seine Frau am nächsten Morgen. Er überreichte ihr ein dickes Päckchen.

Johanna wunderte sich. Das Päckchen sah ganz anders aus als die Schachtel, in der in früheren Jahren der schmale Armreif eingepackt war. Sie holte geheimnisvoll einen Teller aus dem Abstellraum, den sie mit einer Schüssel abgedeckt hatte.

„Guten Morgen, mein Schatz", sagte sie, während sie den Teller auf seinen Platz am Frühstückstisch stellte.

„Oh, was ist das?" Albrecht sah das Teller-Schüssel-Gebilde erstaunt an. Dann hob er die Schüssel ab. Darunter stand in einem weihnachtlichen Schälchen eine Orange, die mit Gewürznelken besteckt war.

„Ich habe keine Walnüsse mehr bekommen", erklärte Johanna. „Antonia hatte die Idee für diesen Adventskalender. Das ist ein Brauch aus Schweden. Es sind 24 Nelken, und du darfst jeden Tag eine herausziehen."

„Das ist wirklich eine schöne Idee", fand Albrecht. „Auch wenn ich deine 24 Nachrichten vermissen werde. Ich habe ja noch die aus den letzten 60 Jahren, da lese ich halt jeden Tag eine. Nun musst du dein Geschenk öffnen."

Johanna löste die Schleife. Sie sah an der Schachtel, dass das Päckchen von einem anderen Juwelier war als sonst.

„Ich hatte nicht mitgekriegt, dass der Goldschmied seinen Laden geschlossen hat", berichtete Albrecht. „Ich habe nirgendwo solche Reifen gefunden, wie ich sie dir immer geschenkt habe. Aber ein Juwelier hatte diese Idee."

Inzwischen hatte Johanna die Schachtel geöffnet. Darin befand sich ein Armband mit vielen Anhängern, die alle etwas mit ihrem gemeinsamen Leben zu tun haben. „Ist das schön!" Johanna staunte.

„Es ist nie zu spät, eine neue Tradition zu begründen", sagte Albrecht und half Johanna, das Armband anzulegen. Dann zog er die erste Nelke aus seinem Adventskalender, und sofort breitete sich ein wohliger Orangenduft in der Küche aus, der die beiden an den Tag ihrer heimlichen Verlobung erinnerte.

**Aktivierungsfragen**

- An welchen besonderen Adventskalender erinnern Sie sich?
- Haben oder hatten Sie in Ihrer Familie ähnliche kleine Traditionen wie das Adventsgeschenk in unserer Geschichte? Erzählen Sie uns davon, wenn Sie mögen.
- Welches Geschenk eines geliebten Menschen ist Ihnen besonders in Erinnerung geblieben?

# An eine Orange

Gedicht

(Francisca Stoecklin, 1894–1931)

Herrliche Frucht,
im Haine
behutsam gereift.
Von Sonne und Südwind
tausendmal überküsst,
gerötet, gegoldet.
Duftend und schwer
ruhst du in meiner Hand.

Wieviel Sonnenküsse,
wieviel Regenschauer,
wieviel Vollmondschein,
welch ein großes warmes Land
halte ich mit Dir,
Vollkommene!
in meiner kleinen
gewölbten Hand.

**Aktivierungsfragen**

- Wann haben Sie zum ersten Mal eine Orange gegessen?
- Haben Sie schon einmal einen Orangenbaum gesehen? Wo war das? Hatte er einen besonderen Duft oder duftete es in der Umgebung besonders?
- Welches Wetter mögen Sie am liebsten?

Aktion

# Der skandinavische Adventskalender

In manchen Ländern Skandinaviens, etwa in Schweden und Norwegen, ist es Brauch, in eine Apfelsine Gewürznelken zu stecken – und zwar genau 24, für jeden Dezembertag bis zu Weihnachten eine. An jedem Tag wird dann eine Nelke herausgezogen mit dem Effekt, dass es immer schön nach Orange duftet.

Entscheiden Sie, ob Sie gemeinsam mit den Seniorinnen und Senioren eine einzige Nelken-Orange für die Einrichtung, für eine Gruppe oder einen Raum basteln – oder ob jede teilnehmende Person ihren eigenen Apfelsinen-Adventskalender bekommt.

**Das wird benötigt:**

- eine oder mehrere Orangen
- pro Orange 24 Gewürznelken
- pro Orange eine kleine gewölbte Schale
- ein Schälchen für die Nelken
- Zahnstocher

**So wird's gemacht**

1. Legen Sie die Orange in die kleine Schale.
2. Geben Sie die Nelken in eine andere Schale. (Je nach Gruppe kann es auch sinnvoll sein, die Nelken vorher zu verteilen.)
3. Nun wird reihum jeweils eine Nelke in die Orange gesteckt. Dazu wird zunächst mit dem Zahnstocher ein Loch in die Orangenschale gestochen. In dieses Loch wird dann die Nelke bis zur Hälfte hineingesteckt. Haben Sie dabei im Blick, dass nur die obere Hälfte der Orange mit Nelken besteckt wird, damit die Orange nachher problemlos in dem Schälchen stehen kann.

# 12 Pfefferminz

Schon gewusst?

- Die meisten von uns haben vermutlich schon Pfefferminztee getrunken oder zumindest gerochen. Sobald getrocknete oder frische Minzblätter mit heißem Wasser übergossen werden, entfaltet sich das charakteristische minzige Aroma.
- Die Pflanze ist bei uns heimisch, und sie ist pflegeleicht. Wenn sie einmal angewachsen ist, wächst sie Jahr für Jahr und bietet neues frisches Aroma für Tee oder Speisen wie Minzknödel oder Minznudeln, Joghurt-Minz-Soße oder Schoko-Minze-Törtchen.
- Minze kannte man schon vor Tausenden von Jahren. Die alten Ägypter legten ihren Pharaonen Minze ins Pyramidengrab. In der Antike ließen die Griechen und Römer bei Festen den Fußboden mit Minze bestreuen, um den Appetit der Gäste anzuregen. Erstmals in Europa erwähnt wurde Pfefferminze vom Abt eines Klosters auf der Insel Reichenau im 9. Jahrhundert. Danach taucht die Minze als „Peppermint" bei dem britischen Forscher Johan Ray 1696 auf, der die Pflanze erstmals in der Grafschaft Herfordshire entdeckte.

## Pfefferminzkissen

Geschichte

Seit zwei Wochen war Udo Strohwitwer. Seine Ehefrau Agnes weilte zur Kur im dreihundert Kilometer entfernten Bad Reichenhall. Alle paar Tage bekam er einen Brief von ihr mit einer Liste von Dingen, die er ihr nachschicken sollte.

„Als ob es in Bad Reichenhall keine Geschäfte gäbe!", schimpfte Udo beim Anblick der langen Liste, die gerade eingetroffen war: Mettwurst vom heimischen Metzger, warme Socken, Nadelspiel, Wolle. „Und was soll das hier heißen: Pfefferminzkissen? Pfefferminz sollte es in so einer Kurklinik doch wohl geben!" Er hatte schon beim Lesen den Duft von Pfefferminze in der Nase. Wäre Agnes zu Hause, hätte er sie gebeten, ihre herrlichen Pfefferminzknödel zu kochen. Er schob den Gedanken an den minzigen Duft weg, der sich dabei durch die Wohnung zog. „Elmar!", rief er seinen Sohn. „Hier, geh und kauf das!" Udo drückte Elmar den Zettel und einen Geldschein in die Hand. „Ich bringe von der Arbeit einen Karton mit", versprach er. „Der muss ja recht groß sein, wenn das Kissen da reinpassen soll."

Elmar nickte ergeben. Er steckte Geld und Zettel ein und schlurfte zurück in sein Zimmer. Seinen schulfreien Tag hatte er sich anders vorgestellt. „Das übrige Geld darf ich behalten, oder?", fragte er seinen Vater über den Flur hinweg.

„Jaja", stimmte Udo zu, „Hauptsache, du bist mit allem wieder da, wenn ich Feierabend habe."

Elmar warf sich auf sein Bett. Wenn er eins nicht leiden konnte, war es Einkaufen. Jetzt sollte er auch noch für seine Mutter typische Frauensachen besorgen. Er rief seine beste Freundin Rita an, die ihn gerne beim Einkauf unterstützen würde.

Nach einer Stunde trafen sich die beiden in der Innenstadt vor der Metzgerei. Minuten später hatten sie den ersten Einkauf getätigt.

„Wolle kriegen wir drüben in dem Handarbeitsladen, vielleicht haben die sogar Socken und Kissen." Rita schleuste Elmar durch die Stadt. „Wir brauchen Wolle, ein Nadelspiel und warme Socken", erklärte sie der Verkäuferin.

„Wozu braucht ihr Socken? Mit dem Nadelspiel und der Wolle könnt ihr welche stricken!" Elmar und Rita erklärten die Situation und waren beruhigt, als die Frau meinte: „Da hat sich deine Mutter sicher vertan. Wolle und Nadelspiel reichen völlig aus."

„Haben Sie auch Kissen?", fiel Elmar ein, als sie schon am Ausgang standen.

„Nur ein paar zur Dekoration", antwortete die Verkäuferin. „Was für ein Kissen soll es denn sein?"

„Ein Pfefferminzkissen", erwiderte Elmar.

Die Verkäuferin lachte. „Das ist was anderes. Das ist jetzt der neueste Schrei. Körnerkissen statt Wärmflasche. Drüben in der Drogerie müsstest du das bekommen."

„Ja, diese neuen Körnerkissen sind wunderbar", bestätigte die Verkäuferin in der Drogerie. „Dieses Hörnchen kann deine Mutter sich schön in den Nacken legen." Auch dieser Kauf war binnen kürzester Zeit getätigt.

Udo war zufrieden, als er die Ausbeute des Einkaufstages sah. Er wunderte sich zwar, was Agnes mit dem Körnerkissen wollte. Sie hatte doch die Wärmflasche mitgenommen. Als er jedoch seinen großen Karton und den kleinen Warenstapel sah, wurde er skeptisch. Er nahm den Zettel zur Hand und rief seinen Sohn. „Da steht Pfefferminzkissen und nicht Körnerkissen!", schimpfte er.

„Die Verkäuferin im Wollladen hat gesagt, damit wäre ein Körnerkissen gemeint. Pfefferminzkissen hatte sie nicht. Kannte sie auch nicht", beteuerte Elmar. Allerdings beschlich ihn ein schlechtes Gewissen. Er hätte die Frau im Drogeriemarkt wenigstens nach einem Pfefferminzkissen fragen können. Je mehr er darüber nachdachte, umso unsicherer wurde er, ob er das Wort „Pfefferminzkissen" erwähnt hatte.

Vier Tage später läutete am frühen Abend zweimal das Telefon. Das war das vereinbarte Zeichen, dass Udo seine Frau in der Kurklinik anrufen sollte. „Guten Abend, Schätzchen", begrüßte er Agnes. „Ist das nicht prima, wie schnell wir alles zusammenhatten, um es dir zu schicken? Ich bin extra abends nach der Arbeit zur Post gefahren, um das Paket aufzugeben."

„Das Paket ist angekommen", bestätigte Agnes. „Die warmen Socken fehlen allerdings und die Pfefferminzkissen, aber sonst ist alles gut. Ich weiß nur nicht, was ich mit dem Körnerkissen soll. Ich habe doch eine Wärmflasche."

Elmar stand neben seinem Vater und zog nur die Schultern hoch. Dieses blöde Körnerkissen. Er nahm den Hörer. „Die Verkäuferin hat gesagt, dass du mit Pfefferminzkissen sicher das Körnerkissen meintest."

„Welche Verkäuferin?", wollte Agnes wissen.

„Na, die aus dem Wollladen, die hatten keine passenden Kissen, da hat sie mich in die Drogerie geschickt." Elmar hörte, wie es am anderen Ende der Leitung gluckste. Warum lachte seine Mutter ihn aus? Er hatte sich so viel Mühe gegeben.

Enttäuscht gab er seinem Vater den Hörer zurück. Auch dieser hörte nur Kichern. „Agnes, ist alles in Ordnung?"

„Ja", stieß Agnes lachend hervor. „Ich wollte Pfefferminzkissen, das sind kleine rosa und weiße Pfefferminzbonbons, die gibt es hier in Bayern nicht. Die verbreiten einen schönen Duft im Zimmer und fühlen sich gut auf der Zunge an."

Udo starrte den Hörer an. Wie gut, dass Elmar die Sachen besorgt hatte, er selbst wäre ins Bettenhaus gefahren und hätte ein Kopfkissen besorgt. Bei dem Gedanken musste auch er lachen. Nur Elmar stand ratlos daneben …

**Aktivierungsfragen**

- Was fällt Ihnen zu Pfefferminz als Erstes ein? (Pfefferminztee, Pfefferminzbonbons, Pfefferminztaler, Pfefferminzöl …)
- Waren Sie einmal zur Kur? Woran erinnern Sie sich besonders gerne?
- Was nutzen Sie lieber, um sich aufzuwärmen – eine Wärmflasche oder ein Körnerkissen oder etwas ganz anderes?

# Abschied

Gedicht

(Else Lasker-Schüler, 1869–1945)

Ich wollte dir immerzu
viele Liebesworte sagen;
nun suchst du ruhlos
nach verlorenen Wundern.
Aber wenn meine Spieluhren spielen,
feiern wir Hochzeit.
O deine süßen Augen
sind meine Lieblingsblumen;
und dein Herz ist mein Himmelreich;
lass mich hineinschauen.
Du bist ganz aus glitzernder Minze
und so weich versonnen …
Ich wollte dir immerzu
viele Liebesworte sagen, –
warum tat ich das nicht?

**Aktivierungsfragen**

- Wie stellen Sie sich glitzernde Minze vor?
- Wenn Sie an Ihre große Liebe denken, welche Pflanze fällt Ihnen dazu ein?
- Erinnern Sie sich an Spieluhren in Ihrem Leben? Wie sahen sie aus? Welche Musik spielten sie?

Aktion

# Minz-Eiswürfel

Bei dieser Aktion kommt Pfefferminze in unterschiedlicher Form zum Einsatz – ein minziges Dufterlebnis ist gewiss.

**Das wird benötigt:**

- Pfefferminztee im Teebeutel
- frische Minze
- Wasserkocher und Wasser
- Teekanne
- Eiswürfelbehälter

**So wird's gemacht**

1. Mit dem Wasserkocher wird Wasser erhitzt und in eine Kanne auf den Teebeutel gegossen. Der Tee sollte etwa fünf Minuten ziehen, dann den Beutel herausnehmen und den Tee abkühlen lassen.
2. Von der frischen Minze werden die Blättchen abgezupft und mit den Fingern halbiert oder geviertelt (je nach Größe).
3. Die Minzblättchen werden in die Fächer des Eiswürfelbehälters verteilt, pro Fach höchstens ein oder zwei, die sich nicht berühren sollten. Das sieht später besonders hübsch aus im Glas.
4. Der erkaltete Tee wird vorsichtig in den Eiswürfelbehälter gegossen, sodass die Blätter lose schwimmen oder nicht aufeinanderliegen.
5. Der Eiswürfelbehälter wird ins Eisfach gestellt. Nun bleibt nur zu warten, bis die Eiswürfel fertig sind. Sie geben Erfrischungsgetränken eine besondere Note. Den minzigen Duft des Tees und der Blätter an den Händen können Sie jetzt schon genießen.

# 13 Rose

Schon gewusst?

- Die Rose gilt als die Königin der Blumen. Manch eine verströmt einen betörenden Duft, der deutlich macht, warum Rosen als Blumen der Liebe gesehen werden. Bereits im Altertum galten Rosen als Symbol für die Liebe und Freude.
- In Mitteleuropa haben vor allem Wildrosen ihren Ursprung. Sie konnten bereits im Umfeld von Kelten und Germanen nachgewiesen werden.
- Am Ende des Mittelalters brachten Kreuzfahrer die Vorfahren unserer heutigen Gartenrosen nach Europa, vor allem aus dem Orient. Ihren Durchbruch hatten die Rosen, als sich in Europa eine Form der Gartenkultur entwickelte, bei der Pflanzen nicht nur nach Nutzen, sondern auch nach Ästhetik angeordnet wurden. Von der Ästhetik im Garten, die vor allem im Barock und Rokoko forciert wurde, fand die Rose bald den Weg in die Kunst, Architektur und Kultur.
- Als Königin der Blumen hat die Rose mancherorts sogar lebendige weibliche Repräsentantinnen. In Uetersen, Bad Kissingen, Sangerhausen und anderen Ortschaften wird einmal im Jahr eine Rosenkönigin gekürt und gefeiert.

## Ein Album für die Königin

Geschichte

„Möge es stets in deinem Leben nur Rosen und keine Dornen geben", spricht Jennifer leise mit. Sie schreibt den Vers mit Füller sorgfältig vorne in ein Poesiealbum. Es ist das letzte von zwölf Poesiealben, die sie vorbereitet. Als Assistentin des Bürgermeisters ist es ihre Aufgabe, das 50-jährige Jubiläumstreffen der Rosenköniginnen in ihrer kleinen Stadt zu organisieren.

„Na, wie weit sind Sie?" Walter Grabbe, der Bürgermeister, ist mit einem kleinen Rosenstrauß in das Büro gekommen.

„Die Alben sind fertig." Jennifer legt den Füller zur Seite und zeigt auf die Rosen. „Für wen sind die denn? Habe ich einen Termin vergessen?"

„Die Rosen sind ein Dankeschön für Ihre geniale Idee." Walter Grabbe überreicht ihr den Strauß.

„Danke!" Jennifer steckt sofort ihre Nase in den Strauß. Sie liebt den Duft der Rosen. „50 Jahre Rosenkönigin, das ist etwas Besonderes. Ich weiß noch genau, wie aufgeregt ich vor fünf Jahren war, als ich kandidiert habe."

„Das glaube ich. Bei uns entscheiden schließlich die Besucher, wer Rosenkönigin wird." Walter Grabbe lacht. Seit der ersten Wahl vor 50 Jahren überreicht jeder Besucher der Gala einer Kandidatin eine Rose. Wer die meisten Rosen bekommt, wird Rosenkönigin.

„Uns zitterten wirklich die Knie", erinnert sich Jennifer. „Ich freue mich, dass einige der Titelträgerinnen aus den Anfangsjahren zugesagt haben."

„Ihre Idee, jeder Frau ein Poesiealbum zu schenken, in das die anderen sich eintragen, ist einmalig!" Der Bürgermeister nickt Jennifer noch einmal zu und verschwindet.

Jennifer stellt ihre Rosen in eine Vase. Das Poesiealbum ihrer Kindheit liegt noch aufgeschlagen auf dem Tisch. „Dir steht das Leben offen, mögst du auf Rosen stehn, mir bleibet nur ein Hoffen auf frohes Wiedersehn", liest sie.

„Wen willst du wiedersehen?", fragt ein Mann in ihrem Alter von der Tür aus.

„Hallo, Thorsten", begrüßt Jennifer ihren Freund. „Das steht in meinem Poesiealbum."

Thorsten nimmt das Album und blättert darin. „Haha! Der ist klasse: ‚Rot sind die Rosen, grün ist der Kakadu, süß ist der Zucker und süß bist auch du'", trägt er mit schmalziger Stimme vor.

Weil er sich nicht beruhigen kann, nimmt Jennifer ihm das Buch aus der Hand. Und lacht ebenfalls. „Ich wusste nicht mehr, dass du so etwas in mein Album geschrieben hast." Sie gibt ihm einen Kuss und scheucht ihn aus dem Raum. „Ich muss noch arbeiten."

Eine Woche später ist Jennifer schon morgens vor Aufregung kaum ansprechbar. Um 15 Uhr sollen sich die Rosenköniginnen im Hotel Kaiserhof zum Kaffeetrinken treffen. In einer Kiste neben ihrem Schreibtisch liegen die zwölf Poesiealben zusammen mit Ausdrucken einer Sammlung von Rosensprüchen. Ihr Freund hat ihr einen der Sprüche als Mutmach-Karte gestaltet und für diesen Tag mitgegeben: „Freue dich, hab frohen Mut, da zwischen den Dornen auch Rosen hervorbrechen."

Sie aber hat das Gefühl, als säße sie in einem Dornenbett. Ständig ruft ein Reporter an und möchte eine Stellungnahme zu dem Jubiläumstreffen.

„Wir freuen uns sehr, dass zwölf unserer Rosenköniginnen heute anwesend sein werden", sagt sie gerade, als ihr Computer ihr signalisiert, dass eine E-Mail eingegangen ist.

„Ui, genau zwölf Rosenköniginnen, wenn das kein Zeichen ist", sagt der Reporter am Telefon. „Denken Sie nur an die zwölf Apostel und die zwölf Feen bei Dornröschens Taufe." Er kichert albern. „Dornröschen, Sie verstehen."

Jennifer versteht, aber sie hat keine Nerven für diesen Unsinn. „Wir freuen uns auf Ihren Artikel", erklärt sie und will schon auflegen. Da hört sie noch, wie der Reporter unkt: „Wenn das mal gut geht. Denken Sie nur an die dreizehnte Fee bei Dornröschen." Das alberne Kichern ist das Letzte, was Jennifer von diesem Gespräch mitkriegt. Sie öffnet die E-Mail und wird blass.

„Hiermit melde ich mich zu dem Treffen der Rosenköniginnen an. Viele Grüße, Dorothea Baumgart", liest Jennifer leise. Sie weiß genau, dass auch auf der Einladung für Frau Baumgart klar und deutlich der Anmeldetermin stand. Er ist längst verstrichen.

„Ist Ihnen ein Geist begegnet? Sie sind ja ganz blass!" Der Bürgermeister steht vor ihrem Tisch.

„Mir geht es gut", antwortet Jennifer. Sie guckt auf die Mail, schüttelt den Kopf und lacht. „Aber es hat sich gerade die dreizehnte Fee zum Jubiläum angemeldet."

Der Bürgermeister sieht sie verständnislos an. Als sie ihm die Geschichte erklärt, lacht auch er. „Na, Sie lassen sich doch von einer dreizehnten Fee nicht aus dem Konzept bringen."

Jennifer wünscht, sie könnte auch so optimistisch sein. Zum Glück hat sie ein Poesiealbum mehr bestellt. Aber wie soll sie in der Hektik die Ruhe finden, einen Spruch einzutragen? Sie entscheidet, dass das Buch, das sie für sich selbst vorbereitet hat, die dreizehnte Rosenkönigin bekommt.

Erleichtert nimmt sie das dreizehnte Poesiealbum aus der Schublade, um es in den Karton zu den anderen zu legen. Dabei stößt sie an die Schale mit duftenden Rosenblättern, die immer auf ihrem Schreibtisch steht. Schale samt Blätter fallen in die Kiste mit den Poesiealben.

Der Bürgermeister, der gerade vorbeikommt, sieht das Missgeschick und sagt lachend: „Da hat die dreizehnte Fee wohl schon ihren Zauber verbreitet."

Jennifer guckt zuerst auf den Bürgermeister und dann auf die Poesiealben im Rosenbad. Dann sagt sie: „Wenn ich es recht bedenke, fehlte den Poesiealben der Rosenköniginnen noch das gewisse Etwas: der Duft von Rosen!"

**Aktivierungsfragen**

- An welches Dufterlebnis mit Rosen erinnern Sie sich besonders?
- Welche Bräuche mit Rosen kennen Sie? Waren Sie vielleicht auch einmal Rosenkönigin?
- Rosenkranz, Rosenmontag: Welchen anderen Wörter enthalten das Wort „Rosen"? (Rosenwasser, Rosengarten, Rosenduft, Rosenkohl, Rosenpaprika, Rosenquarz, Rosenöl, rosenrot …)
- Welche Poesiealbumverse mit Rosen fallen Ihnen ein?
  - So wie die Rosen blühn, so blühe stets dein Glück.<br>Und wenn du Rosen siehst,<br>so denk an mich zurück.
  - Möge es stets in deinem Leben<br>nur Rosen und keine Dornen geben.
  - Unter Rosen soll dein Leben fließen wie ein sanfter Bach,<br>und der Himmel möge geben, was dein Herz nur wünschen mag.
  - Ich wollt ein Kränzlein binden, da kam die dunkle Nacht.<br>Nur Rosen konnt ich finden, die hab ich dir gebracht.
  - Ich kenne eine Rose, die lacht mir immer zu,<br>die Rose, die ich meine, liebe ..., das bist du!
  - Mit Rosen sei dein Weg geziert,<br>der dich durch dieses Leben führt.

Gedicht

## Rosenlied

(Robert Hamerling, 1830–1889)

Duft'ge Flamme, süße Rose,
schöne Botin sel'ger Triebe,
die so prangend aus dem Schoße
neugebor'ner Erde steigt:
O wie spräche zarte Liebe,
wenn sie sehnend mit Gekose
nicht in deinen Purpur schriebe,
was die Lippe scheu verschweigt!

Ach, wer sendet aus der Tiefe
euch der Welt, ihr Liebesboten,
gleich als ob er sehnend riefe,
und ihr Ohr vernähm' es nicht?
Ja, als ew'ger Güte Zeichen,
ew'ger Liebe duft'ge Briefe,
tretet ihr aus dunklen Reichen
Jahr um Jahr ans gold'ne Licht!

Grüne Auen, grüne Auen,
sie versteh'n die süßen Rosen,
wachen auf aus Wintergrauen,
wenn sie Rosenkunde trifft;
nur dem Menschen unbegriffen
steht, so weit die Himmel blauen
und so weit die Wolken schiffen,
jene süße Rosenschrift.

**Aktivierungsimpulse**

- Dieses Gedicht kann auch als Lied gesungen werden. Kennt jemand von Ihnen die Melodie? Wollen wir es gemeinsam singen?
- Welche weiteren Lieder über Rosen kennen Sie?
  - Weiße Rosen aus Athen
  - Es ist ein Ros entsprungen
  - La vie en rose
  - Die letzte Rose
  - Du bist die Rose, die Rose vom Wörthersee
  - Für mich soll's rote Rosen regnen
  - Rote Rosen, rote Lippen, roter Wein
  - Mein Mädel hat einen Rosenmund
  - Heideröslein

Aktion

## Duftsäckchen basteln

Rosenblätter lassen sich auf einfache Weise lange weiterverwenden.

**Das wird benötigt:**

- Rosenblüten
- Zeitungspapier
- Stoffreste zum Nähen einfacher Säckchen oder fertige Säckchen
- Nähnadeln
- Nähgarn
- Schleifenband aus Stoff

**Vorbereitung**

Falls Sie mit den Teilnehmenden die Stoffsäckchen selbst nähen, sollten Sie vorher die Stoffstücke mit einer Zickzackschere zuschneiden. Sie benötigen Rechtecke von ca. 10 x 22 cm. Sie können jeden Stoff, der luftig gewebt ist, verwenden und durchaus vorhandene Blusenstoffe und breites, grobes Schleifenband benutzen.

**So wird's gemacht**

1. Alle Teilnehmenden erhalten eine Rosenblüte und ziehen vorsichtig die Blütenblätter ab. Die Blätter werden auf das Zeitungspapier gelegt und zum Trocknen beiseitegeschoben. Das Trocknen kann je nach Stärke der Rosenblätter mehrere Stunden, aber auch Tage dauern. Der Prozess lässt sich beschleunigen, wenn die Blätter im Backofen bei 60 bis 80 Grad 30 Minuten getrocknet werden.
2. Die Teilnehmenden erhalten ein Stoffstück, Nähnadel und Nähgarn. (Evtl. ist es sinnvoll, dass Sie die Fäden bereits einfädeln, da das je nach Sehfähigkeit oft schwerfällt.)
3. Die Stoffstreifen werden in der Mitte gefaltet und rechts und links zusammengenäht.
4. Das fertige Säckchen wird umgestülpt, sodass die Nähte innen liegen.
5. Nun werden Rosenblätter in das Säckchen gefüllt.
6. Abschließend wird das Säckchen mit dem Schleifenband zugebunden.

✷ Wenn die Näh-Aufgabe für Ihre Teilnehmenden nicht geeignet ist, können Sie die Säckchen selbst vorbereiten und dann von den Seniorinnen und Senioren befüllen lassen.

# 14 Schokolade

Schon gewusst?

- Die meisten Menschen haben bei dem Gedanken an Schokolade sofort den Duft von heißer Schokolade in der Nase. Der Duft ruft Bilder und Erinnerungen hervor, und das gilt für flüssige Schokolade ebenso wie für feste Schokolade, ob sie als Konfekt oder Tafel, als Motivschokolade oder Dessert, Torte oder Eis gereicht wird.
- Das ist kein Wunder, haben Forscher doch festgestellt, dass Schokolade nicht ein einzelnes Aroma entfaltet, sondern viele Duftnoten enthält. Da ist ganz sicher für jeden eine ansprechende Duftnote dabei. Nuancen von Vanille, Karamell, Honig, Erde, Malz bis hin zu Banane und Essig wurden als Einzeldüfte erkannt. Zudem finden sich ein Baustein des Glückshormons Serotonin und geringe Mengen der rauschfördernden Pflanzenstoffe Theobromin und Koffein in Schokolade.
- In Europa ist die aus Kakaobohnen gewonnene Schokolade seit dem Ende des Mittelalters bekannt. Am 7. Juli 1550 soll die Schokolade in flüssiger Form aus Südamerika nach Spanien gekommen sein. Es dauerte hundert Jahre, bis das neuartige Getränk am französischen Hof ankam und in London das erste Schokoladenhaus eröffnet wurde.
- Inzwischen hat sich herausgestellt, dass zumindest Bitterschokolade, in Maßen genossen, gesund ist. Eine gute Nachricht für alle Schokoladenfans!

Geschichte

## Der Duft von Schokolade

Gertrud, ihr kleiner Bruder Wilhelm und die vier älteren Geschwister konnten den Namenstag ihres Vaters kaum erwarten. An diesem Tag kamen alle Tanten und Onkel zu Besuch. Tante Olga brachte für die Kinder immer eine Tafel Schokolade mit. Jedes Kind bekam genau einen Riegel. Das war etwas ganz Besonderes, denn in Gertruds Familie gab es keine Süßigkeiten - außer an Ostern und Weihnachten und vielleicht an Erntedank.

„Ich schneide die Riegel später zu", sagte Mutter, als Gertrud und Wilhelm bereits ihre Hände nach der Schokolade ausstreckten.

Trotz Kuchen und süßem, mit Wasser verdünntem Johannisbeersaft zog sich der Nachmittag am Kaffeetisch für die Kinder ewig lange hin. Die Tanten und Onkel prosteten Vater Johannes immer wieder zu, und später gesellten sich noch die Nachbarn zu ihnen. Der Abend kam, und Gertrud und Wilhelm wurden ins Bett geschickt.

„Keine Sorge. Die Schokolade entgeht euch nicht", beruhigte Mutter sie. „Stellt euch einfach vor, wie sie duftet und schmeckt." Wilhelm verzog das Gesicht. Gertrud schloss die Augen. Sie versuchte, sich die Schokolade vorzustellen. Schon meinte sie, den Duft in der Nase zu spüren und den Geschmack im Mund. Aber jetzt bekam sie erst recht Appetit!

Am nächsten Morgen standen Gertrud und Wilhelm bereits um 6 Uhr in der Küche. Ihre Mutter seufzte, als sie die Kinder sah. Dann holte sie die Schokolade, wickelte sie aus Papier und Stanniolpapier und schnitt mit dem scharfen Messer sechs Riegel zurecht. Sie zerteilte das Stanniolpapier, wickelte jeden Riegel ein und überreichte ihren beiden Jüngsten ihre Riegel. „Aber esst nicht alles auf einmal."

Sie hatte den Satz noch nicht beendet, da schob sich Wilhelm bereits den Riegel in den Mund und biss genüsslich das erste Stück ab.

Gertrud öffnete nur ihr kleines Päckchen und schnupperte. „Das duftet so gut. Ich bewahre meinen Riegel noch auf." Sie verstaute den Riegel in der Schublade des Nachttisches.

Abends, als das Licht bereits gelöscht war, fischte sie den Riegel aus der Schublade. Im Dunkeln öffnete sie das Papier und hielt sich die Schokolade unter die Nase. Seltsam, der süße Duft, der ein bisschen an Weihnachten erinnerte, war verschwunden. Kann Schokolade ihren Duft verlieren?, fragte sie sich.

„Kann Schokolade ihren Duft verlieren?", wollte Gertrud am nächsten Tag von der Lehrerin wissen, sobald sie das Klassenzimmer betrat.

„Nach langer Zeit vielleicht", antwortete die Lehrerin. „Aber nicht nach einem Tag oder einer Woche. Schon gar nicht, wenn die Schokolade verpackt ist."

Den ganzen Vormittag war Gertrud unaufmerksam. Endlich schrillte die Schulglocke und zeigte das Ende des Schulvormittags an. Ungeduldig wartete sie auf Wilhelm, der auf dem Rückweg ständig stehen blieb. „Nun komm endlich", schimpfte sie schließlich. „Ich muss zu Hause etwas überprüfen. Stell dir vor. Meine Schokolade hat ihren Duft verloren."

Wilhelm sagte nichts. Er blickte auf den Boden und kickte mit dem Fuß einen Stein weg. Zu Hause rannte Gertrud mit ihrem wackelnden Schulranzen auf dem Rücken sofort ins Kinderschlafzimmer. Dort riss sie ihre Schublade auf und holte den Schokoladenriegel hervor. Der Riegel schien ihr viel leichter als am Tag zuvor. Vorsichtig wickelte sie den Riegel aus. Statt der dunkelbraunen Schokolade sah sie in dem Stanniol einen Zeitungsstreifen. Nein, viele Zeitungsstreifen übereinander, die zusammen so dick waren wie ein Schokoladenriegel! Jemand hatte ihren Riegel gestohlen und stattdessen das Papier verpackt.

Gertrud schluckte. Sie lief in die Küche zu ihrer Mutter. „Jemand hat meine Schokolade geklaut!", brachte sie unter Tränen hervor. Sie zeigte ihrer Mutter das Papier mit den Zeitungsfetzen darin.

„Das ist wirklich schlimm", fand auch die Mutter. „Wir werden das beim Mittagessen klären."

Um 13 Uhr saß die ganze Familie am Tisch. Alle warteten darauf, dass der Vater das Tischgebet sprach und die Mutter das Essen verteilte.

„Es ist etwas passiert", sagte die Mutter mit ernster Stimme. „Jemand hat Gertruds Schokoladenriegel genommen. Er hat stattdessen Papier in Stanniol verpackt, sodass man es auf den ersten Blick nicht bemerkte. Wer war das?"

Die Mutter sah ein Kind nach dem anderen an. Die Älteren erklärten, dass sie ihre Riegel noch gar nicht bekommen hätten. Wilhelm machte sich ganz klein, er rutschte fast vom Stuhl. Schließlich schluchzte er und sagte: „Aber ich hatte mehr Hunger als Schokolade. Da habe ich Gertruds Riegel auch aufgegessen. Sie wollte sowieso nur daran riechen."

Die Mutter musste ein Lächeln unterdrücken, als sie ihren Jüngsten so unglücklich sah. „So etwas geht nicht. Wir müssen uns eine Strafe für dich überlegen."

„Gertrud kann Sonntag meinen Schokoladenpudding bekommen", schlug Wilhelm vor. Jeder wusste, dass er besonders gerne Schokoladenpudding aß.

Gertrud zögerte. „Ich wollte so gerne noch ein paar Tage den Duft der Schokolade haben", sagte sie traurig.

„Ich schenke dir ein Stück von meiner Schokolade", versprach ihr älterer Bruder. „Ein Stück hat genauso viel Duft wie ein ganzer Riegel." Auch die anderen Geschwister schenkten Gertrud ein Stück. Am Ende hatte sie wieder einen ganzen Riegel.

Jeden Abend schnupperte sie an der Schokolade, und am Sonntag schob sie Wilhelm sein Puddingschälchen zurück. „... wenn du versprichst, das nicht noch einmal zu machen!"

Wilhelm nickte ernsthaft. „Großes Ehrenwort!"

Dann löffelten alle einträchtig den Schokoladenpudding, in den die Mutter dieses Mal besonders viel Schokolade hineingegeben hatte.

**Aktivierungsfragen**

- Wann haben Sie zum ersten Mal Schokolade gegessen?
- Durften Sie früher so viel Schokolade essen, wie Sie wollten?
- Welches war oder ist Ihre Lieblingsschokolade?
- Was wurde in Ihrer Familie mit Schokolade zubereitet?

Lied

# Ich will keine Schokolade

(Carl Ulrich Blecher)

Das wohl bekannteste Lied rund um Schokolade stammt aus dem Jahr 1959. Musik und Text sind von Carl Ulrich Blecher. Der Name sagt Ihnen vermutlich nichts, aber die Interpretin des Liedes wird bis heute mit diesem Song verknüpft: Trude Herr (1927–1991). Auf YouTube und in Musikportalen im Internet finden Sie Videoaufzeichnungen ihrer Auftritte, deren Mode, Musik und Text Ihre Zuhörerinnen und Zuhörer in vergangene Zeiten versetzt.

**Aktivierungsfragen**

- Wie war das in Ihrer Jugend? Haben Ihre Eltern Ihnen Schokolade geschenkt, damit Sie sich nicht für Frauen oder Männer interessieren?
- Haben Sie irgendwann einmal gesagt: Ich will keine Schokolade? Vielleicht, weil Sie zu viel gegessen haben? Wie war das?
- Oder konnten Sie gar nicht genug Schokolade bekommen? Was haben Sie ausgeheckt, um an Schokolade heranzukommen?

Aktion

# Schokolade essen

In einer Zeit, als es noch keine elektronischen Spiele gab und man Kindergeburtstage zu Hause und nicht auf der Bowlingbahn oder im Fast-Food-Restaurant feierte, war „Schokolade essen" eines der beliebtesten Spiele. Dem Genuss der Schokolade ging nämlich eine Aufgabe voraus. Es wurde reihum gewürfelt. Wer eine Sechs würfelte, musste Mütze, Schal und Handschuhe anziehen und dann mit Messer und Gabel zunächst das Schokoladenpäckchen öffnen und sich dann ein Stück abschneiden. Die anderen würfelten aber derweil weiter, und sobald einer von ihnen eine Sechs gewürfelt hatte, musste die Aktion abgebrochen und Mütze, Schal, Handschuhe und Besteck dem Nächsten überlassen werden.

Je nach Fähigkeiten der Teilnehmenden in der Gruppe können Sie dieses Spiel variieren. Mit Blick auf Hygiene-Aspekte dürfte es sinnvoll sein, dass alle Teilnehmenden ihr eigenes Besteck haben und auch ihre persönlichen Mützen, Handschuhe und Schals benutzen. Wählen Sie ggf. Schokolade, die bereits in Einzelstücke unterteilt ist.

**Das wird benötigt:**

- 1 Tafel Schokolade
- Zeitungspapier und Band
- Würfel
- Messer und Gabeln
- Mützen, Schals und Handschuhe

### Vorbereitung

Die Tafel Schokolade wird in Zeitungspapier eingeschlagen, und das Päckchen wird mit Band umwickelt. Das Band wird aber nicht verknotet, sondern mit einer Schleife geschlossen.

### Spielverlauf

1. Die Teilnehmenden sitzen rund um einen Tisch. Sie haben ihr Besteck und ihre persönlichen Mützen, Schals und Handschuhe vor sich liegen. Das Schokoladenpäckchen und der Würfel liegen in der Mitte.
2. Es wird reihum gewürfelt. Wer zuerst eine Sechs würfelt, setzt sich die Mütze auf, legt sich den Schal um und zieht die Handschuhe an. Mit Messer und Gabel öffnet er das Päckchen und versucht, die Schokolade zu erreichen und davon ein Stück zu ergattern.
3. Währenddessen würfeln die anderen Teilnehmenden weiter. Sobald die nächste Sechs fällt, stoppt der erste Sechserkandidat seine Auspackaktion und der nächste setzt sich seine Mütze auf, legt Handschuhe und Schal an und versucht, mit seinem Besteck das Schokoladenpäckchen weiter zu öffnen und an die Schokolade heranzukommen.

✷ Bei diesem Spiel gibt es keinen einzelnen Gewinner, sondern es gewinnen all jene, die Schokolade abbekommen haben. Und die anderen hatten auf jeden Fall viel Spaß.

# 15 Tanne

**Schon gewusst?**

- Nadelbäume haben einen unverwechselbaren Duft, und den mögen wir nicht nur zur Weihnachtszeit. Es gibt viele Menschen, die einen Aufguss aus Tannen- oder Fichtennadeln in der Sauna lieben oder sich besonders gut mit Nadelduft in der Badewanne entspannen können. Den Duft verdanken wir in erster Linie einem kaum erkennbaren Harz, das Nadelbäume absondern. Es dient eigentlich dazu, Wunden am Baum zu heilen, wird aber in solchen Mengen produziert, dass es fast immer zu erschnuppern ist. Und das seit Menschengedenken.
- Tatsächlich lässt sich die Geschichte der Tanne nicht vollends zurückverfolgen. Da sie mit verschiedenen Arten in Teilen von Europa, Nordafrika, Asien und Nordamerika verbreitet ist und war, brauchte es keine Abenteurer oder Eroberer, die die Tanne in andere Länder brachten.
- In manchen Gegenden gab es früher den Brauch, Ende Juni die Tannenzapfen zu ernten. Die Zapfen wurden mit Zucker eingeweckt und als magenstärkendes Mittel verwendet, oder es wurde Tannenzapfenöl oder Tannenzapfenbranntwein daraus gewonnen.
- Geblieben ist vor allem der Tannenduft, ohne den das Weihnachtsfest für viele nicht denkbar ist.

**Geschichte**

## Ein einzigartiger Weihnachtsbaum

Herr Grewing stützte seine Hände auf den schweren Esstisch. Er sah seine Frau, seine Kinder, den Gesellen Rolf und die beiden Lehrlinge aus der Schreinerwerkstatt der Reihe nach an. „Durch den großen Auftrag für die Gräfin sind wir mit den Weihnachtsvorbereitungen in Verzug. Morgen ist Heiligabend und wir haben keinen Christbaum!"

Die kleineren Kinder verzogen enttäuscht das Gesicht. Die beiden Ältesten, Leonhard und Margarete, winkten ab. „Wichtig ist, dass es Geschenke gibt."

Mutter Grewing lächelte. Für die Geschenke war sie zuständig, und sie hatte ihre Aufgabe erledigt. In buntes Papier verpackt lagen die Päckchen seit Tagen im Schrank neben den goldenen Christbaumkugeln ihrer Großmutter.

„Im Norden haben sie gar keinen Tannenbaum", berichtete Rolf, der nach gut drei Jahren Wanderschaft in Grewings Werkstatt angefangen hatte. „Da bauen sie ein Gestell aus Holzlatten und stecken ein bisschen Grün dran."

„Ein Baum ohne Kerzen?" Mutter Grewing verzog das Gesicht. „Und ohne Tannenduft?"

„Die Kerzen werden auf den Latten befestigt. Das sieht gut aus. Moment." Rolf zog einen Bleistift und einen Zettel aus der Gesäßtasche und zeichnete den norddeutschen Weihnachtsbaum. „Na ja, eigentlich gibt es den nur auf Sylt, weil es dort keine Tannen gibt", korrigierte er sich. „Jöölboom nennen sie den. Durch das Grün duftet er fast wie eine Tanne. Wenn man die Augen schließt, denkt man, man sei in einem Tannenwald."

Meister Grewing betrachtete die Zeichnung. „Dann schlage ich vor, dass du mit den Lehrlingen so ein Ding baust." Richtig zufrieden und glücklich wirkte niemand am Tisch. Aber ein Holzbaum war immerhin besser als ein Christfest ohne Weihnachtsbaum.

Rolf ging mit den Lehrlingen in die Werkstatt. Er legte ihnen die Zeichnung hin, wählte die passenden Latten aus und gab ihnen vor, auf welche Länge sie diese zuschneiden und wie sie sie zusammenbauen sollten. „Ich muss kurz was besorgen", sagte er dann. Am Tag vor Weihnachten fragte niemand nach, was jemand besorgen musste. Es konnte ja ein Geschenk für einen selbst sein ... So konnten auch Leonhard und Margarete, Vater Grewing und sogar die Mutter verschwinden, ohne dass jemand wissen wollte, was denn so Wichtiges zu erledigen war.

„Seid ihr mit dem Baumgestell fertig geworden?", fragte Vater Grewing Heiligabend nach dem Mittagessen. „Dann können wir es jetzt schmücken."

Der Geselle nickte. Die beiden Lehrlinge schauten verwundert. „Aber ...", wollte der erste widersprechen und erntete einen Stoß in die Rippen. „Doch, wir sind fertig. Das wird ein ganz besonderer Weihnachtsbaum!"

Die Lehrlinge wisperten hinter seinem Rücken. „... nicht fertig ...", und: „... allein gelassen ...", hörte man aus ihrem Flüstern heraus.

Vater Grewing zog die Stirn kraus, dann ging ein Lächeln über sein Gesicht. Was auch immer da los war, konnten sie nach Weihnachten klären. Es spielte ohnehin keine Rolle. Mit diebischer Freude rieb er sich die Hände.

„Ich bringe schon die Kugeln und Kerzenhalter in die gute Stube", sagte Mutter Grewing und sprang zur Verwunderung aller als Erste vom Tisch auf. „Leonhard und Margarete, ihr könnt mir helfen."

„Äh, ich muss die Kaninchen füttern", erklärte Margarete hastig.

Ihre Mutter blieb stehen. „Bist du krank? Sonst bist du die Erste, wenn es darum geht, mich ins Schlafzimmer zu begleiten."

Margarete wurde rot. „Als Älteste muss ich mich besser benehmen. Das hast du selbst gesagt."

Ihre Mutter schüttelte erstaunt den Kopf. „Dann komm du, Leonhard. So viele Schachteln sind das auch nicht, die können wir zu zweit tragen."

„Äh, ich komme gleich", stammelte Leonhard und legte eine Hand auf seinen Bauch. „Ich glaube, ich habe zu viel gegessen."

„Zu viel gegessen?" Selbst sein Vater konnte das nicht glauben. „Den Tag streiche ich mir rot im Kalender an. Am besten mache ich das sofort." Er stand auf und verließ das Zimmer, ehe jemand etwas erwidern konnte.

Das war in der Familie Grewing noch nie vorgekommen, dass die jüngeren Kinder allein am gedeckten Tisch saßen und sich nach Herzenslust an den Resten gütlich tun konnten. Die älteren Geschwister und Erwachsenen hatten keinen Sinn dafür. Sie standen in der guten Stube und starrten sich gegenseitig an. Jeder von ihnen, Mutter, Vater, Leonhard, Margarete und Geselle Rolf hatte einen kleinen Tannenbaum vor sich stehen!

„Den habe ich gestern besorgt", sagte Vater Grewing, der als Erster die Sprache wiederfand. „Ein Schulfreund hatte noch einen im Garten."

„Ich habe meinen bei der Nachbarin bekommen, der ich kürzlich beim Schützenfest geholfen habe", berichtete die Mutter.

„Ich wusste, dass beim Schuster ein Baum übrig war", erzählte Rolf. „Da hatten Vater und Onkel beide einen gekauft."

Margarete verriet, dass sie beim Doktor nachgefragt hatte, in dessen Garten Tannen standen. Und Leonhard gab zu, dass sein Baum ein Geschenk vom Pfarrer war.

„Was machen wir bloß mit all den Weihnachtsbäumen?" Mutter Grewing sah auf ihre Schachtel mit Kugeln, die gerade mal für zwei Bäume reichen würden.

„Ich hätte da eine Idee", meldete sich Rolf zu Wort. „Das habe ich auch auf der Wanderschaft gesehen. Da haben sie aus kleinen Tannen einen großen Baum gebastelt. Wir haben doch das Gestell, daran könnten wir die Bäumchen festbinden." Er sah vom Boden bis zur Decke der guten Stube. „Die Spitze passt dann allerdings nicht mehr drauf."

„Wer braucht eine Christbaumspitze, wenn er einen so großen Weihnachtsbaum hat!", fand Vater Grewing.

Die anderen nickten. Die Mutter sagte: „Hauptsache, das Wohnzimmer duftet schön nach Tanne. Sonst ist es einfach kein echtes Weihnachtsfest."

**Aktivierungsfragen**

- Welche Rolle spielte der Weihnachtsbaum in Ihrem Leben? Gab es besondere Ereignisse, die damit zusammenhingen?
- Welche Plätzchen haben Sie im Advent gebacken? Wurden sie auch an den Baum gehängt?
- Wie war Weihnachten in Ihrer Kindheit?

Gedicht

# Christbaum

(Ada Christen, 1839–1901)

Hörst du auch die leisen Stimmen
aus den bunten Kerzlein dringen?
Die vergessenen Gebete
aus den Tannenzweiglein singen?

Hörst auch du das schüchtern-frohe
helle Kinderlachen klingen?
Schaust auch du den stillen Engel
mit den reinen, weißen Schwingen?

Schaust auch du dich selber wieder
fern und fremd nur wie im Traume?
Grüßt auch dich mit Märchenaugen
deine Kindheit aus dem Baume?

**Aktivierungsfragen**

- Welche Erinnerungen haben Sie an einen Christbaum? Wie war er geschmückt? Wann wurde er aufgestellt?
- Haben Sie jemals einen Adventskranz aus Tannenzweigen selbst gebunden? Worauf musste man besonders achten?
- Welche Lieder, in denen eine Tanne vorkommt, fallen Ihnen ein? („Am Weihnachtsbaum die Lichter brennen“, „O Tannenbaum“, „Der Christbaum ist der schönste Baum“ …)

# Mini-Weihnachtsbaum basteln

Aktion

Auch wenn Tannen das ganze Jahr über in Wäldern und Parks stehen, entfalten sie doch vor allem in der Weihnachtszeit ihre besondere Bedeutung. Aber nicht überall ist genug Platz für einen richtigen Baum, daher finden Sie hier eine Anregung für einen eigenen kleinen Weihnachtsbaum, bei dem Sie Reste von Tannengrün und Papier oder alte Knöpfe weiterverwenden können.

**Das wird benötigt:**

- Tannengrün, auch kurze Zweige
- farbiges, ruhig gemustertes Papier, ca. 10 x 10 cm
- flüssiger Klebstoff
- Nähgarn
- Schere
- evtl. kleine bunte Knöpfe

**So wird's gemacht**

1. Aus mehreren Tannenzweigen gestalten die Teilnehmenden ihren eigenen kleinen Baum. Der längste Zweig bildete den Stamm. Darauf werden weitere Zweige geklebt – vom längsten unten bis zum kürzesten oben, sodass ein Tannenbäumchen entsteht. Der längste Querzweig sollte mit einem Abstand von 3 cm zum unteren Stammende aufgeklebt werden. Dann kann das Bäumchen später auch zu einer Pflanze in einen Topf gesteckt werden.
2. Ein Stück Papier (10 x 10 cm) wird zu einer Ziehharmonika gefaltet. Dafür wird das Blatt zunächst an einer Kante 1 cm nach oben gefaltet. An dieser Stelle liegt das Papier doppelt. Dann wird das Papier gewendet und der doppelt liegende Streifen wird erneut 1 cm nach oben gefaltet. Das wird wiederholt, bis das gesamte Blatt eine Zackenreihe ist.
3. Die Ziehharmonika wird in fünf kleine Teile à ca. 2 cm geschnitten. Die kleinen Ziehharmonikas werden in der Mitte mit Nähgarn umwickelt, das verknotet und am Bäumchen befestigt wird.

✷ Statt der Ziehharmonikas können auch farbige Knöpfe an den kleinen Baum gebunden geklebt werden. Einfach Nähgarn durch die Knopflöcher fädeln und an den Baum binden.

# 16 Vanille

**Schon gewusst?**

- Der süße und pudrige Duft und der Geschmack von Vanille haben etwas Magisches und locken uns in vielen Desserts und Parfüms.
- Im Vergleich zu anderen Gewürzen ist die Verwendung von Vanille erst seit relativ kurzer Zeit in Europa üblich, dabei probierte schon Ende des 15. Jahrhunderts der Spanier Hernán Cortés in Mexiko zum ersten Mal Vanille. Der Abenteurer war so begeistert, dass er sie nach Spanien mitbrachte. Da die Herstellung sehr aufwendig war, hütete man in Spanien lange Zeit das Geheimnis. Verbreitung fand die Vanille in Europa erst im 19. Jahrhundert, als erste Stecklinge der Pflanze mit den aromatischen Schoten in den botanischen Gärten in Antwerpen und Paris auftauchten. Die Niederländer bauten sie danach in ihren Kolonien auf Java an, die Franzosen auf der Insel La Réunion, damals Île Bourbon (Vanille-Insel).
- Seit die Verwendung von Vanille sich in Europa eingebürgert hat, ist sie aus dem Haushalt nicht wegzudenken. Desserts wie Crème brulée, Bayrische Creme und zahlreiche Kuchen- und Gebäcksorten kommen ohne sie nicht aus.
- Auch wenn Vanille eines der beliebtesten Gewürze ist, dessen Duft allein schon belebend wirkt und die Stimmung hebt, ist kaum bekannt, dass dieser Pflanzenextrakt heilende Kräfte besitzt. Vanille wirkt stoffwechselfördernd und entspannend und hilft u. a. bei Gallen- und Muskelschwäche, Rheuma und Reizbarkeit. Speisen mit Vanille schmecken also nicht nur gut, sie sind auch gesund.

**Geschichte**

## Das Geheimnis der Vanille

Seit Hans-Dieter denken kann, hat er sich für Früchte und Gewürze interessiert. Wenn seine Brüder mit Wonne die Kühe auf die Weide trieben oder mit den Hühnern Verstecken spielten, konnte er stundenlang am Johannisbeerstrauch sitzen und eine der süß-säuerlichen Beeren nach der anderen abpflücken. Diese Leidenschaft hatte er sich auch als Jugendlicher erhalten, und so war es nicht verwunderlich, dass er seine Eltern bat, eine Lehre im örtlichen Kolonialwarenladen machen zu dürfen. Die Eltern waren froh, ihren Buben bei Herrn Rickert in guten Händen zu wissen.

Vom ersten Tag an interessierte sich Hans-Dieter für alles, was sein Lehrherr ihm beibrachte. Wie die Ananas nach Deutschland kam, warum Orangen und Pomeranzen verwandt waren und wie man Kokosnüsse am leichtesten knackte. Am besten aber gefielen ihm die exotischen Gerüche, die durch das Geschäft strömten und etwas Magisches hatten: Der Duft von frisch geröstetem Kaffee vermischt mit den süßen Düften der Früchte und den herben Gewürznoten.

„Ich habe neue Vanilleschoten bestellt", verkündete Herr Rickert. Er winkte Hans-Dieter zu sich. „Wenn die kommen, nimm dir gleich eine, die kannst du gut gebrauchen. Wart's nur ab."

Hans-Dieter freute sich über das Geschenk, auch wenn er nicht wusste, was er damit sollte. Vielleicht sollte er sie seiner Mutter schenken, damit sie daraus herrlich duftende Vanillekipferl backte.

Die kleine Glocke über der Ladentür bimmelte. „Kundschaft!", sagte Herr Rickert und zwinkerte Hans-Dieter zu. Was sollten diese seltsamen Zeichen bedeuten?

Er ging nach vorn in den Laden. „Guten Tag, Frau Bermann", begrüßte er die Stammkundin und wurde rot, als er sah, dass sie in Begleitung ihrer Tochter war. „Guten Tag, gnädiges Fräulein", sagte er, wie er es viele Male von Herrn Rickert gehört hatte. Und doch klang dieses „gnädiges Fräulein" so falsch und fremd für das Mädchen. Josefine! Den Namen hatte er von der Mutter aufgeschnappt. Josefine! Das klang schön wie Mandarine und Apfelsine, wie Orangine und, ach, einfach zauberhaft.

„Wir hätten gerne vier Bananen und vier Orangen", bat Frau Bermann.

Hans-Dieter beeilte sich, vier Bananen vom Strunk zu lösen und in Zeitungspapier einzuschlagen. Die vier Orangen verstaute er in einer Tüte, die er aus Zeitungspapier gefaltet hatte.

Als er der Kundin die Tüte mit den Orangen anreichte, riss der Boden auf. Er hatte ihn nicht richtig geklebt. Rasch beugte er sich hinunter, um die Orangen einzusammeln. Josefine hatte dieselbe Idee. Ihre Köpfe stießen leicht aneinander. Als das Mädchen sich erhob, wischte ihr dunkelblonder

Zopf über Hans-Dieters Wange. Er spürte ein Ziehen in seiner Brust und seinem Bauch und brachte kein Wort heraus.

„Kann ich helfen?", hörte er über sich die Stimme von Herrn Rickert. Das erlaubte ihm, in Ruhe über den Boden zu krabbeln, als ob er die letzte Orange suchte. Drei hielt er bereits vor seinem Bauch, und er wusste genau, wo die vierte war. In Josefines Hand. Aber noch war er nicht so weit, ihr in die Augen zu sehen. Sein Gesicht musste rot sein wie der Kamm eines Hahns.

Schließlich stand er auf. „Es tut mir leid", stammelte er. „Die Tüte ist gerissen."

Herr Rickert sagte nichts. Er hielt seinem Lehrbuben eine neue Tüte hin und wartete, bis die drei Orangen ihren Weg hineinfanden. „Ich glaube, das gnädige Fräulein hat noch eine Orange", sagte er. Allerdings machte er keine Anstalten, dem Mädchen die Tüte hinzuhalten. Stattdessen gab er Hans-Dieter mit dem Kopf ein Zeichen, er möge dem Mädchen die Orange abnehmen und sie in die Tüte legen.

Hans-Dieter griff nach der Orange in Josefines Hand. Er versuchte, die Frucht zu greifen, ohne dass sich ihre Hände berührten. Vergebens. Als seine Fingerspitzen an ihre stießen, durchzuckte es ihn, als hätte ihn ein Blitz getroffen. Er hielt den Blick gesenkt.

Zum Glück kassierte Herr Rickert die Ware und hielt Frau Bermann und Josefine die Tür auf.

Als er zurückkam, grinste Herr Rickert. „Siehst du, deshalb brauchst du die Vanille. Obwohl", er machte eine kurze Pause, „ich glaube, die kannst du dir sparen."

Herr Rickert lachte über Hans-Dieters verwirrten Blick. „Meinst du, ich habe nicht gemerkt, dass du dich in die kleine Josefine verguckt hast? Es heißt, mit dem Duft von Vanilleschoten kann man seinen Schwarm für sich gewinnen." Er legte seinen Arm um Hans-Dieter. „Aber so, wie Josefine dich angesehen hat, brauchst du solche Tricks nicht."

Hans-Dieter wusste nicht, was er sagen sollte. Es war ihm peinlich, dass sein Lehrherr die Schwärmerei bemerkt hatte. Ob es stimmte, dass Josefine ihn vielleicht auch mochte? In der letzten Zeit kam sie oft mit, wenn Frau Bermann Obst kaufte. Er nahm sich vor, beim nächsten Mal nicht so stumm zu sein, sondern Josefine zu erklären, was er über die Waren wusste. Bestimmt würde er sie damit beeindrucken.

Als hätten Frau Bermann und Josefine das Gespräch belauscht, standen sie plötzlich wieder in der Tür. „Wir haben die Vanillestangen vergessen, die wir für den Sonntagsnachtisch brauchen", sagte Frau Bermann.

Hans-Dieter fingerte die letzten Vanillestangen aus dem Glas und drehte sie in Zeitungspapier ein. Der süße und pudrige Duft, der sich dabei sanft verströmte, ließ ihn etwas mutiger werden: „Wussten Sie, dass Vanillepflanzen zur Familie der Orchideen gehören?", fragte er und erzählte alles, was er über Vanille wusste. Er beschrieb den Duft der Vanille – und wurde mit jedem Wort sicherer. Und Josefine hörte ihm immer aufmerksamer zu. Die beiden bemerkten überhaupt nicht, dass Herr Rickert und Frau Bermann sich längst über das Wetter unterhielten und die neuesten politischen Entwicklungen in der Stadt.

**Aktivierungsfragen**

- Erinnern Sie sich noch an einen Kolonialwarenladen, in dem es vor allem importierte Früchte und Waren gab? Was haben Sie dort früher gekauft?
- Welches exotische Obst mögen Sie besonders gern?
- Für welches Gericht haben Sie Vanille genutzt?
- Wo haben Sie Ihre erste große Liebe getroffen?

**Gedicht**

Vielen Menschen kommt bei dem Gedanken an Vanille und andere Weihnachtsdüfte bald der Bratapfel in den Sinn, der meist mit Vanillesoße gereicht wird. Deshalb passt dieses Gedicht über das süße, warme Winteressen gut zum Vanilleduft.

## Der Bratapfel

(Volksgut)

Kinder, kommt und ratet,
was im Ofen bratet!
Hört, wie's knallt und zischt.
Bald wird er aufgetischt,
der Zipfel, der Zapfel, der Kipfel,
der Kapfel, der gelbrote Apfel.

Kinder, lauft schneller,
holt einen Teller,
holt eine Gabel!
Sperrt auf den Schnabel
für den Zipfel, den Zapfel,
den Kipfel, den Kapfel,
den goldbraunen Apfel!

Sie pusten und prusten,
sie gucken und schlucken,
sie schnalzen und schmecken,
sie lecken und schlecken
den Zipfel, den Zapfel,
den Kipfel, den Kapfel,
den knusprigen Apfel.

**Aktivierungsfragen**

- An welche genussvollen Situationen mit einem Bratapfel erinnern Sie sich? In der Familie? Als Gast?
- Welchen Duft verbinden Sie mit einem Bratapfel?
- Haben Sie womöglich ein eigenes Bratapfelrezept? Was gehört für Sie dazu?

# Vanillezucker selbst machen

Aktion

Natürlich gibt es in jedem Supermarkt und gut sortierten Haushalt Vanillinzucker, aber er ist künstlich hergestellt. Ein selbst gemachter Vanillezucker vermittelt den wahren Duft der Vanille.

**Das wird benötigt:**

- herkömmlicher Haushaltszucker
- Vanillestangen (1/3 pro Person)
- pro Person 1 leeres Marmeladenglas mit Deckel
- Messer und Schneideunterlagen (alternativ: Scheren)

**Vorbereitung**

Die Vanillestangen werden mit Messer oder Schere gedrittelt. Alle Teilnehmenden erhalten ein Stück Vanilleschote und ein Glas mit Deckel.

**So wird's gemacht**

1. Die Vanilleschote in einige kleine Stücke schneiden.
2. Die Vanillestücke in das Glas geben.
3. Zucker in das Glas füllen, sodass mindestens die Vanille bedeckt ist.
4. Das Glas mit dem Deckel verschließen.
5. Nun muss der Zucker ein bis zwei Wochen ziehen. Dabei ist es sinnvoll, das Glas immer wieder zu schütteln. Die Teilnehmenden dürfen das Glas ruhig zwischendurch immer wieder kurz öffnen und schnuppern oder auch probieren, ob der Zucker bereits nach Vanille schmeckt.

✷ Der fertige Vanillezucker kann zum Backen verwendet werden, aber er gibt auch Kaffee, Tee oder Kakao eine besondere Note.

# 17 Veilchen

**Schon gewusst?**

- Das Veilchen, das mit Farbe und zart-blumigem Duft besticht, trägt seine Besonderheit bereits in dem lateinischen Gattungsnamen: Viola odorata, duftendes Veilchen. Im Volksmund heißt es auch Duftveilchen, Heckenveilchen, Märzstängel, Osterveigl oder Blauröschen.
- Seine Rolle als Liebesblume hat es zwar verloren, aber noch immer sorgt es für einen charakteristischen Duft in dem französischen Likör, dem es seinen Namen gibt: Crème de Violette.
- Die Pflanze ist älter als unsere Zeitrechnung, in der Antike galt sie als heilige Blume. Von Hippokrates, dem Ur-Arzt, ist überliefert, dass er in seiner Zeit, um 400 v. Chr., Veilchen als Heilmittel bei Sehstörungen, Kopfschmerzen und Melancholie empfahl. Nach heutigen Erkenntnissen soll die Pflanze vor allem bei Atemwegsbeschwerden gute Wirkung zeigen. 2007 erhielt sie sogar die Auszeichnung „Heilpflanze des Jahres".
- Eines ruft ihr Duft auf jeden Fall hervor: den Gedanken „Frühling, ja du bist's", den Eduard Mörike in seinem Gedicht „Frühling lässt sein blaues Band" festhält, nachdem er vorher die Veilchen vom Frühling träumen ließ.

**Geschichte**

## Der 100. Geburtstag

Die Schwestern Sarah und Eleonor beratschlagten mit ihren Eltern, wie sie die Feier zum 100. Geburtstag ihrer Großmutter gestalten könnten.

„Wie wäre es mit einem Mottotag?", schlug Sarah vor. „An den Mottotagen in der Schule vor dem Abi sind alle passend zu einem Motto angezogen", erklärte sie ihrem Vater.

„Das wäre lustig, wenn wir alle Klamotten wie aus Omas Geburtsjahr tragen würden." Eleonor war begeistert. Sie zog ihr Handy hervor und suchte nach „Kleidung 20er-Jahre". „Das ist nicht mal so aufwendig. Du hast sicher irgendwo einen Anzug mit Weste herumhängen, Papa."

„Zeig mal!" Sarah nahm ihrer Schwester das Handy aus der Hand. „Ich kann mein schwarzes Kleid mit den Spaghettiträgern anziehen. Dann tackere ich mir eine Feder an den Kopf und fertig."

„Das ist eine wunderbare Idee", lobte Marianne ihre Töchter. „Deine Mutter wird sich sicher freuen, Heinz, und vielleicht beteiligen sich sogar die Gäste."

„Ich habe eine Mega-Idee!", platzte Sarah heraus. „Ein richtiges Fest ist für Oma zu anstrengend, aber wir könnten einen Stummfilm von damals zeigen lassen, und dazu spielt jemand Klavier. Das habe ich kürzlich in einem Seminar erlebt."

„Welche Blumen waren denn damals in?", fragte Eleonor. „Ich mache doch das Praktikum in der Gärtnerei, da könnte ich ein Bukett binden." Sie suchte in ihrem Handy. „Oh, Veilchen. Die duften gut. Hat Oma nicht sogar ein Veilchenparfüm?" Sie kicherte. „Bis in die 30er-Jahre waren Veilchen Blumen der Liebe, steht hier. Ich bitte in der Gärtnerei, welche zu bestellen. Du könntest Veilchen für die Karte zeichnen, Sarah!"

Die ältere Schwester nickte. „Klar, ich kann eine Karte gestalten. Also kümmere ich mich um den Film, die Musik und die Einladungskarte."

„Dann muss es aber auch die passenden Speisen geben." Marianne ließ sich von der Begeisterung anstecken. „Was aßen die Leute denn damals?" Die Familie verfiel in einen Planungsrausch, und es dauerte keine zwei Stunden, da stand das Programm für den großen Tag fest. Beim Essen waren sich alle schnell einig, dass es nur Häppchen geben sollte und keine üppigen Speisen. Das Internet hielt dafür sogar die passenden Rezepte bereit: Schnittchen mit Sardellen, Feigen und Nüssen.

„Es sollte auf jeden Fall auch Roastbeef-Schnittchen geben", fand Marianne.

„Und Käseplatten. Hier, damals aß man vor allem Cheddarkäse." Eleonor wedelte mit ihrem Handy.

„Was ist mit russischen Eiern, waren die nicht auch in?", warf Heinz ein.

„Das reicht dann aber", entschied Marianne. „Ich übernehme die Bestellung der Speisen."

„Dann bin ich die Deko-Queen!" Eleonor grinste und freute sich darauf, die Tische im Stil der 20er-Jahre zu gestalten.

Eleonors Auftrag entpuppte sich als der schwerste von allen. Sarah hatte schnell einen Stummfilm gefunden, den ihre Oma einmal erwähnt hatte. Ein Student aus ihrem Semester erklärte sich zur musikalischen Untermalung bereit. Die Eltern delegierten die Speisenvorbereitung ans Restaurant. Nur die Veilchen blühten noch immer im Verborgenen, sprich: Die langstieligen Veilchen der 20er-Jahre gab es nirgends, und selbst herkömmliche Veilchen waren kaum aufzutreiben.

„Dieses kleine Veilchen ist alles, was ich bekommen habe", sagte Eleonors Chef mit Bedauern.

Eleonor hob das Veilchen unter die Nase. „Wenigstens duftet es richtig gut. Aber es ist schon etwas mickerig. Gibt es keine Blume, die ähnlich aussieht wie ein Veilchen? Dann könnten wir die Blumen mischen."

„Die Hortensie – davon gibt es sogar Sorten, die fast lila sind wie Veilchen." Der Gärtner klickte im Internet die Seiten seiner Lieferanten durch.

„Die ist es. Sie sieht fast aus wie Veilchen", rief Eleonor begeistert. „Wenn es nicht so viele Blüten wären." Sie grinste. „Ich schneide einfach die Hälfte der Blüten raus, stopfe Veilchen dazwischen, schiebe alles in eine Spitzenmanschette. Fertig!"

„Ein bisschen Grün solltest du dazunehmen", empfahl der Gärtner.

Endlich war der große Tag gekommen. Die Familie und alle Gäste kamen im Kleidungsstil der 20er-Jahre. Das war so auffällig, dass die alte Dame nach der Ankunft im Restaurant fragte: „Kann es sein, dass wir mit einer Zeitmaschine gefahren sind?"

Hohe und niedrige Bistrotische zum Stehen und Sitzen luden ein, sich vor der Leinwand niederzulassen. Es wurden passend zur Zeit Martini und Gin gereicht. Nach dem Film, der die 100-Jährige zu Tränen rührte, betrachtete sie Eleonors Blumenstrauß. Die Enkelin hatte ihn nach einem Bild auf einer Postkarte gesteckt und war sehr stolz darauf.

Die alte Dame steckte ihre Nase in den Strauß. „Das duftet wie mein Parfüm. Herrlich nach Veilchen." Sie stutzte und lächelte verschmitzt. „Der Duft der Hortensien kommt gar nicht durch."

Eleonor ließ sich auf einen Stuhl sinken. „Woher weißt du, dass Hortensien dabei sind? Ich habe mir so viel Mühe gegeben, dass alles nach Veilchen aussieht."

Ihre Großmutter beugte sich zu ihr. „Als ich so alt war wie du, sollte ich in der Schule einen Veilchenstrauß binden. Das war die Hausaufgabe. Wir hatten aber keine Veilchen und kein Geld dafür. Da habe ich aus dem Garten der Nachbarin Hortensien gepflückt, die Hälfte der Blüten rausgeschnitten und die Löcher mit Grün verdeckt. Nur den Duft, den habe ich nicht hinbekommen."

Darüber konnte Eleonor wieder lachen. Insgeheim freute sie sich über dieses Geheimnis, das sie mit ihrer Oma teilte.

**Aktivierungsfragen**

- Wie werden oder wurden in Ihrer Familie runde Geburtstage gefeiert?
- Welches war Ihr schönstes Geburtstagsfest?
- Haben Sie jemals an einer Motto-Party teilgenommen? Als was haben Sie sich verkleidet?
- Was verbinden Sie mit den 20er-Jahren?

Gedicht

# Er ist's

(Eduard Mörike, 1804–1875)

Frühling lässt sein blaues Band
wieder flattern durch die Lüfte;
süße, wohlbekannte Düfte
streifen ahnungsvoll das Land.

Veilchen träumen schon,
wollen balde kommen.
Horch, von fern ein leiser Harfenton!
Frühling, ja du bist's!
Dich hab' ich vernommen!

**Aktivierungsfragen**

- Welche Erinnerungen kommen Ihnen in den Sinn, wenn Sie an Veilchen denken?
- Worauf freuen Sie sich beim Frühlingsanfang besonders?
- Welches ist Ihre schönste Erinnerung an Sonnenschein?

# Veilchenblüten kandieren

Aktion

Veilchen bestechen durch ihren Duft und ihre besondere Farbe, daher eignen sie sich besonders gut als Dekoration auf Speisen oder auch in der Wohnung in einer Schale oder auf der Fensterbank. Damit die Veilchenblüten lange halten und vielseitig verwendet werden können, kandieren Sie diese doch mit Ihren Teilnehmenden.

**Das wird benötigt:**

- Veilchenblüten mit Stiel ohne Blätter
- 1 Eiweiß
- feiner Zucker
- Wasser
- kleine Schale für das Eiweiß
- Schale oder Suppenteller für Zucker
- pro Person 1 kleiner Pinsel und 1 kleiner Teller
- Kochlöffel und Bücher
- Nähgarn
- Büroklammer

**Vorbereitung**

1. Waschen Sie die Veilchenblüten vorsichtig, trocknen Sie sie ab.
2. Vermischen Sie das Eiweiß mit etwa 2 EL Wasser in einer Schale und achten Sie darauf, dass die Flüssigkeit nicht schaumig wird.
3. Füllen Sie den Zucker in eine Schale oder einen Suppenteller.
4. Basteln Sie aus dem Kochlöffel und Büchern ein Trockengestell: Der Kochlöffel wird quer über zwei gleich hohe Bücherstapel gelegt. Der Kochlöffelgriff muss mindestens 10 cm über der Tischplatte liegen.

**So wird's gemacht**

1. Jeder Teilnehmende bekommt eine Veilchenblüte. An den Stiel wird etwas Nähgarn gebunden und am Ende mit einer Schlaufe versehen.
2. Die Blütenblätter werden mit dem Eiweiß eingepinselt.
3. Die Blüte wird vorsichtig in den Zucker getaucht.
4. Die fertigen Blüten werden am Faden an den Kochlöffelgriff zum Trocknen aufgehängt. Bei der Befestigung hilft eine Büroklammer.
5. Nun müssen die Blüten etwa 1 bis 2 Stunden trocknen.

# 18 Zimt

**Schon gewusst?**

- Zimt ist eines der ältesten Gewürze der Welt. Es heißt, dass es schon 2000 v. Chr., also vor rund 4000 Jahren, in China und Indien genutzt wurde. Im Alten Ägypten wurde es bei der Einbalsamierung verwendet, und Dichter aus dem antiken Griechenland wie Herodot und Sappho haben es in ihren Gedichten erwähnt.
- Der unverwechselbare Zimtduft weckt sofort Assoziationen. Wer ihn riecht, denkt an gebrannte Mandeln, Zimtschnecken, Milchreis mit Zimt und Zucker, Apfelkuchen … Auch wenn Zimt bei uns heute vor allem als Weihnachtsgewürz gilt, wird er doch das ganze Jahr über genutzt und verzehrt.
- Der Name „Zimt" geht auf das lateinische Wort „cinnamum" und das altgriechische „kinnamomon" zurück. In alten Rezepten findet sich auch die Bezeichnung „Kaneel", die eine Entsprechung im französischen „canelle" und italienischen „canella" hat.

**Geschichte**

## Zucker und Kamel

Luise ist so aufgeregt. Die Köchin, der sie im Haushalt des Arztes sonst zur Hand geht, ist verreist. Nun ist Luise auf sich selbst gestellt. An alles muss sie denken. Das Wasser für den Tee erhitzen, das darf nicht zu heiß werden. Das Brot soll kurz in den Backofen, damit es frisch, aber nicht knusprig wird, der Kakao für den kleinen Sohn darf keine Haut haben - Luise ist schon nach dem Frühstück erschöpft.

Zum Glück hat die Köchin ihr einen Speiseplan hinterlassen und die Zutaten größtenteils vorbereitet. Außerdem wird es nur einfache Gerichte geben wie Pfannkuchen, Milchreis, Würstchen mit Kartoffelsalat und Bratkartoffeln.

„Kann ich dir helfen?" Luises kleine Schwester Magda stolpert in die Küche.

„Gut, dass du da bist!" Das sagt Luise nicht nur so, das meint sie auch. Sie ist so froh, dass die Frau Doktor erlaubt hat, dass Magda ihr helfen darf. Mit ihren zwölf Jahren kann die kleine Schwester abspülen und auch mal eine

Schüssel ins Esszimmer tragen. Dafür darf sie im Arzthaushalt essen, und Mutter muss zu Hause weniger kochen. Eine gute Lösung, finden alle.

„Guck mal, ich kann das nicht lesen!" Luise hält ihrer Schwester den Speiseplan mit den Zutaten unter die Nase.

„Das ist doch einfach." Magda wundert sich über ihre große Schwester. „Milchreis mit Zucker und Kamel."

Luise seufzt. „Das habe ich auch gelesen. Aber das kann doch nicht sein. Wo soll ich ein Kamel herbekommen? Wir haben noch niemals ein Kamel gekocht. Milchreis mit Zucker und Zimt kenne ich. Wenn der Zimt auf den warmen Milchreis trifft, duftet es in der Küche immer nach Jahrmarkt." Sie schließt kurz die Augen. Aber sie ist nicht auf dem Jahrmarkt, sondern in der Küche.

Magda denkt nach und sagt dann: „Ein Kamel passt auch gar nicht in den Topf. Der Lehrer hat gesagt, es ist etwa so groß wie ein Pferd. Vielleicht ist im Eiskeller ein Stück Kamel. Soll ich gucken?" Sie wartet nicht auf eine Antwort und läuft los. Wenig später kehrt sie zurück. „Da ist nichts, das wie ein Kamel aussieht."

Luise schüttelt verzweifelt den Kopf. „Was soll ich nur machen?" Sie sieht auf die Uhr über dem Fenster. „In zwei Stunden will der Herr Doktor sein Essen, und ich habe noch nichts fertig."

„Was soll es denn morgen geben?", erkundigt sich Magda.

Luise schlägt die nächste Seite des Heftes auf. „Apfelpfannkuchen."

„Dann koch das doch heute. Das schaffen wir zusammen. Dabei habe ich Mama schon geholfen. Der Teig ist ganz einfach, und die Äpfel schäle und schneide ich dir."

Luise nickt. Magda kann wirklich richtig gut Äpfel schälen und vor allem die besten Apfelringe in der Familie schneiden. Sie wird das Heft heute Abend mit nach Hause nehmen und die Mutter nach dem Kamel fragen.

Die beiden Mädchen arbeiten still nebeneinanderher. Luise bereitet den Teig zu und erhitzt das Fett in der Pfanne. Magda zaubert wunderbar runde Apfelringe. Und schnell breitet sich ein süßsäuerlicher Duft in der Küche aus, der dem Apfelpfannkuchen so eigen ist und einem das Wasser im Mund zusammenlaufen lässt.

„Die Frau Doktor wird staunen, so schön sind die Ringe", lobt Luise ihre jüngere Schwester.

Endlich ist es so weit, das Glöckchen aus dem Speisezimmer ertönt.

„Vorsicht, heiß und fettig!", ruft Luise und gibt sich Mühe, den Ton der Köchin zu treffen. Sie stellt jedem Familienmitglied einen Teller hin mit einem goldgelben Pfannkuchen, in dem die Apfelringe wie Augen und Mund aussehen.

„Aber ..." Die Frau Doktor sieht Luise an und schließt den Mund wieder. Sie weiß genau, was für welchen Tag auf dem Speiseplan steht. Zusammen mit der Köchin hat sie für Luises ersten Tag etwas Einfaches ausgesucht. Ganz bestimmt nicht die Pfannkuchen mit den Apfelringen, für die man die Hitze des Fettes im Blick haben muss, damit nichts anbrennt.

„Das war sehr gut!", lobt der Doktor Luise, nachdem er den dritten Pfannkuchen verzehrt hat, der ebenso goldgelb war wie die ersten beiden. „Ich sehe schon, du kannst unsere Köchin richtig gut vertreten."

Luise wird rot. ‚Wenn Sie wüssten ...', denkt sie. Aber sie sagt nichts, sondern schaut nur auf den Boden.

Als sie mit Magda in der Küche ihren Pfannkuchen isst, kommt die Frau Doktor in die Küche. „Das hast du wirklich gut gemacht", lobt sie Luise. „Pfannkuchen mit Apfelringen sind nicht leicht zuzubereiten. Warum hast du denn nicht den Milchreis gemacht?"

Luise weiß nicht, was sie sagen soll. Aber Magda hat keine Angst vor der netten Frau. „Wir haben das Kamel nicht gefunden."

Die Frau sieht die Mädchen erstaunt an. „Welches Kamel?"

Luise holt das Heft der Köchin. Sie liest die Überschrift: „Milchreis mit Zucker und Kamel."

Die Frau lässt sich auf den Hocker fallen. Sie lacht und kann nicht mehr aufhören zu lachen. „Du hast völlig Recht. Man kann daraus wirklich Kamel lesen. Das hat die Köchin wohl schnell hingeschrieben, weil sie dachte, dieses Rezept kennst du auswendig."

Luise und Magda sehen die Frau verständnislos an. „Ich habe noch nie Kamel gekocht", beteuert Luise.

„Kaneel soll das heißen. Das ist ein anderes Wort für Zimt. Milchreis mit Zucker und Zimt solltest du zubereiten." Die Frau des Doktors lacht schon wieder.

Langsam fallen Luise und Magda in das Lachen ein. Diese Geschichte werden die beiden in ihrem ganzen Leben sicher nicht vergessen. Und immer, wenn ab jetzt die Rede von Kamelen ist, werden sie sich eine Schale Milchreis vorstellen, auf der ein Kamel sitzt und wunderbar duftet nach Zimt.

**Aktivierungsfragen**

- Unter welchen Namen kennen Sie Zimt?
- Welche Speisen mit Zimt kennen Sie und mögen Sie besonders gerne? (Zimtschnecke, Zimtsterne, Milchreis mit Zucker und Zimt, Apfelkuchen mit Zimt …)
- Erinnern Sie sich an eine ähnlich verrückte Geschichte von Ihrer ersten Arbeitsstelle?

Gedicht

# Der Hase im Kohl

(Heinrich Seidel, 1842–1906)

An dem Dach viel blanke Zapfen,
in dem Schnee viel kleine Tapfen,
alle laufen nach dem Kohl!
Häschen, das gefällt dir wohl?

Nächtlich, bei des Mondes Schimmer,
sitzt es dort zu schmausen immer,
Knusperknäuschen, gar nicht faul:
Ei, du kleines Leckermaul!

Häschen ist es schlecht bekommen,
Vater hat's Gewehr genommen,
eines Abends ging es „Bumm"!
Bautz, da fiel das Häschen um!

Kannst du wohl das Ende raten?
Heute gibt es Hasenbraten,
Apfelmus mit Zimt dazu.
Ach, du armes Häschen, du!

**Aktivierungsfragen**

- Haben Sie jemals Hasenbraten gegessen? Wenn ja, wie war er zubereitet? Mit Zimt oder anderen Gewürzen?
- Was haben Sie „in des Mondes Schimmer" nachts aus einem Fenster gesehen? Erinnern Sie sich an etwas Besonderes?
- Welchen Bezug haben Sie zur Jagd? Gab es Jäger in Ihrer Familie? Waren Sie selbst auf der Pirsch?

# Zimt-Engel basteln

Aktion

Für die meisten ist der Duft von Zimt mit Weihnachten verbunden, obwohl das Gewürz in der orientalischen Küche das ganze Jahr über verwendet wird und auch bei uns so manchem Apfelkuchen einen besonderen Geschmack verleiht.

Die hier vorgestellte Bastelaktion passt gut in die Adventszeit, aber einen Schutzengel kann man das ganze Jahr über gebrauchen.

**Das wird benötigt:**

- Zimtstangen
- Gold- oder Silberdraht
- Kugeln von ca. 2 bis 3 cm Durchmesser aus Papier oder Styropor
- kleine weiße Federn
- flüssiger Klebstoff

**Vorbereitung**

Für alle Teilnehmenden werden Zimtstangen zugeschnitten und zwar so, dass pro Person drei oder vier Stücke in derselben Länge vorhanden sind.

**So wird's gemacht**

1. Die Zimtstangen werden mit Draht zusammengebunden – etwa in der Mitte, sodass der Draht zugleich wie eine breite Taille wirkt.
2. Ein ca. 3 cm langes Stück Draht wird abgeschnitten und in die Papierkugel gesteckt, sodass etwa die Hälfte unten herausschaut. Dieser Teil wird an die hintere Zimtstange geklebt.
3. Aus ca. 6 cm Draht wird ein Ring gebogen, der als Heiligenschein an die Papierkugel geklebt wird.
4. An den „Rücken" des Zimtstangenkörpers werden zwei Federn als Flügel geklebt.

# 19 Zitrone

**Schon gewusst?**

- „Kennst du das Land, wo die Zitronen blühn?“, lässt Johann Wolfgang von Goethe seine Figur Mignon in dem Roman „Wilhelm Meisters Lehrjahre“ Ende des 18. Jahrhunderts fragen. Und erstaunlicherweise meint er damit jenes Land, das auch heute noch ein Hauptlieferant für Zitronen ist: Italien.
- Wo genau die Zitrone ihren Ursprung hat, lässt sich nicht sagen. Indien und China sind als Herkunftsland in der Diskussion, in China wurde sie 1000 n. Chr. erstmals nachgewiesen. Wandmalereien in der vor unserer Zeitrechnung untergegangenen Stadt Pompeji zeigen über 1000 Jahre früher Früchte, in denen man Zitronen erkennen kann. Auf Gemälden aus dem 17. Jahrhundert sind eindeutig Zitronen zu sehen, wie wir sie auch heute kennen. Denn das ist das Besondere an der Zitrone: Ihr Aussehen und ihr „Inhalt“ haben sich über die Jahrhunderte nicht geändert.
- Ebenso wenig veränderte sich ihre Wirkung. Schon aus dem 18. Jahrhundert gibt es Belege, dass Zitrone vor Skorbut schützt, der damals verbreiteten Vitaminmangelkrankheit. Bis heute besticht diese Frucht durch ihren hohen Vitamin-C-Gehalt, der konzentrationsfördernd und stimmungsaufhellend wirkt. Selbst der frische, leichte Duft scheint Körper und Geist zu beflügeln.

**Geschichte**

## Der bunte Abend

„Wo sind meine Bälle?“ Ernst lief nervös hinter dem Vorhang auf und ab, der die Bühne von der Turnhalle der Realschule trennte. Die Turnhalle diente auch als Theatersaal, und heute bot dort die Gemeindejugend einen bunten Abend dar. Neben Sketchen, einer Gesangseinlage und musikalischen Vorführungen war ein Auftritt von Ernst geplant. Er würde seine Jonglierkünste zeigen.

„Ich freue mich am meisten auf deinen Auftritt“, rief der Pfarrer ihm zu, als Ernst hinter seinem Rücken die Jonglierbälle suchte.

„Vielleicht hast du sie zu Hause vergessen“, mutmaßte seine Freundin Regine.

„Ich weiß doch, dass ich die Tasche mit den Bällen in der Hand hatte!", ranzte er sie an und suchte weiter.

„Ähem." Ernsts bester Freund Oleg schlich sich heran. „Kann es sein, dass die Kinder aus der Gruppe der Kleinen dachten, das wären die Bälle fürs Dosenwerfen?"

Ernst starrte seinen Freund an. „Das darf nicht wahr sein. Wo sind die?" Er rannte aus der Aula auf den Schulhof.

Drei Zehnjährige waren dabei, die Dosen wieder aufzubauen. Das war nicht leicht, weil ein Nieselregen eingesetzt hatte und die Dosen nass waren. Nicht nur die Dosen! Als Ernst den Stand erreichte, sah er sofort, dass er mit diesen Bällen nicht mehr jonglieren konnte. Sie hatten sich mit Wasser vollgesogen und ihre Form verloren. Würde er sie in die Luft werfen, würden sie eine Wasserspur hinterlassen und in sein Gesicht tropfen.

„Das war's dann wohl!", murmelte er. Er hatte seit Wochen jeden Tag geübt und war richtig gut geworden. Er konnte sogar beim Jonglieren durch den Gang zwischen den Stühlen gehen.

„Es wird doch irgendwo Bälle geben in dieser großen Schule!" Oleg ließ sich nicht so leicht ins Bockshorn jagen.

Auch Regine, die sich zu den beiden gesellte, meinte: „Da finden wir schon was!"

„Ich muss auf jeden Fall vorher üben", betonte Ernst. „Es sei denn, ihr findet exakt dieselben Bälle. Ich muss mich auf das Gewicht einstellen."

„Wir machen das schon!", versprach Oleg und zog mit Regine in die Schule.

Ernst ging derweilen an den Marktständen der anderen Gruppen vorbei. Vielleicht würde er dort etwas finden, das er verwenden konnte. Tücher wären gut, damit hatte er auch Jonglieren gelernt. Auf den Tischen lagen aber weder Bälle noch Kugeln noch Tücher. Wenn er sich darauf spezialisiert hätte, mit Schnitzeln zu jonglieren oder mit Würstchen, dann wäre er fündig geworden.

Regine und Oleg tauchten wieder auf. Sie hielten drei Äpfel in den Händen. „Wie wäre es damit? Die haben wir der Frau des Hausmeisters abgeschwatzt!"

Ernst musste lachen. Die Vorstellung, wie die beiden die Hausmeisterfrau beknieten, war zu komisch. Er warf erst einen Apfel, dann den zweiten und den dritten in die Luft. Es gelang ihm spielend, die drei Früchte in der Luft zu halten und sich dabei um sich selbst zu drehen. „Schade, dass ihr nur drei Äpfel habt, ich wäre gerne mit fünf Kugeln aufgetreten."

„Mehr gab es nicht", beteuerte Regine.

Ernst dachte an den Stand mit den Schnitzeln, die mit Zitronenscheiben verkauft wurden. Warum war er nicht gleich darauf gekommen? „Wartet mal!" Er ging zu dem Stand und fragte, ob er zwei Zitronen bekommen könnte.

„Nimm, so viel du willst. Ich glaube, wir haben mehr als genug davon", bot ihm der Schnitzelkoch an.

Ernst nahm fünf Zitronen. Vielleicht konnte er damit jonglieren. Probehalber warf er sie nacheinander in die Luft. Das klappte. „Lasst uns schnell reingehen, ehe die Zitronen nass werden. Die Äpfel könnt ihr der Frau des Hausmeisters zurückgeben." Er grinste. „Aber eigentlich könnten wir sie auch essen, oder?" Die drei verspeisten einträchtig die Äpfel und mussten sich dann beeilen, um rechtzeitig zum Start des Programms hinter den Vorhang zu gelangen.

„Boah, riecht das hier nach Zitrone!", empfing einer der Musiker Ernst. Auch Ernst fand den Duft der Zitronen fast ein bisschen zu penetrant. Draußen hatte er nichts davon gemerkt. Aber das ließ sich jetzt nicht mehr ändern. Die Bälle waren nass, die Äpfel verspeist, es blieben nur die fünf Zitronen.

Zum Glück war sein Auftritt als „Türöffner" geplant, er sollte die Leute mit seiner kurzen Darbietung auf das Programm einstimmen. Nachdem der Moderator ihn angekündigt hatte, ging Ernst auf die Bühne. Erst jonglierte er mit drei, dann mit vier, schließlich mit fünf Zitronen. Die Zitronen im Blick ging er Stufe für Stufe von der Bühne und durch den Mittelgang.

„Das duftet so gut", hörte er hinter sich eine Frauenstimme.

„Was für eine wunderbare Idee, in diese miefige Turnhalle ein wenig Frische zu bringen", sagte eine Männerstimme.

Als er wieder auf der Bühne stand und seine fünf Zitronen auffing, brach ein tosender Beifall los.

„Ich glaube, da hast du genau den richtigen Riecher gehabt", scherzte der Moderator. „Mit diesem zitronig-frischen Duft in der Nase kann der Abend nur wunderbar werden. Vielen Dank! Genieß das restliche Programm."

Ernst konnte es nicht fassen, was seine spontane Idee ausgelöst hatte. Vielleicht sollte er künftig öfter mit Zitronen jonglieren …

**Aktivierungsfragen**

- Für welche besonderen Zwecke haben Sie schon einmal Zitronen benutzt?
- Waren Sie auch in einer Jugendgruppe oder einem Verein? Was haben Sie dort unternommen?
- Womit sind Sie schon einmal vor Publikum aufgetreten? Oder was können oder konnten Sie besonders gut?

Gedicht

# Mignon
# Kennst du das Land, wo die Zitronen blühn?

(Johann Wolfgang von Goethe, 1749–1832)

Kennst du das Land, wo die Zitronen blühn,
im dunkeln Laub die Goldorangen glühn,
ein sanfter Wind vom blauen Himmel weht,
die Myrte still und hoch der Lorbeer steht,
kennst du es wohl?
Dahin! Dahin
möcht ich mit dir, o mein Geliebter, ziehn!

Kennst du das Haus? Auf Säulen ruht sein Dach,
es glänzt der Saal, es schimmert das Gemach,
und Marmorbilder stehn und sehn mich an:
Was hat man dir, du armes Kind, getan?
Kennst du es wohl?
Dahin! Dahin
möcht ich mit dir, o mein Beschützer, ziehn.

Kennst du den Berg und seinen Wolkensteg?
Das Maultier sucht im Nebel seinen Weg,
in Höhlen wohnt der Drachen alte Brut,
es stürzt der Fels und über ihn die Flut:
Kennst du ihn wohl?
Dahin! Dahin
geht unser Weg; o Vater, lass uns ziehn!

**Aktivierungsfragen**

- Was meinen Sie, welches ist dieses Land, wo die Zitronen blühen? (Gemeint ist hier Italien.)
- Waren Sie einmal in Italien? Haben Sie schon Zitronen an Bäumen gesehen? Wie war das?
- Kennen Sie den Walzer „Wo die Zitronen blühen" von Johann Strauss? Eine Hörprobe gibt es auf YouTube.

# Mit Zitronentinte schreiben

Aktion

Vielleicht kennen manche Ihrer Seniorinnen und Senioren diese „Geheimtinte" noch, die aus Zeiten stammt, in denen es keine Zaubertafeln aus Kunststoff oder fertige Zaubertinte gab. Mit dieser Tinte aus Zitronensaft kann man unsichtbare Botschaften schreiben.

**Das wird benötigt:**

- Zitronen
- kleine Schalen oder Teller für den Zitronensaft
- Papier
- Wattestäbchen oder Pinsel
- Bügeleisen, Bügelunterlage

**So wird's gemacht**

1. Alle Teilnehmenden erhalten eine halbe Zitrone und pressen etwas Saft in eine Schale oder auf einen kleinen Teller.
2. Die Zettel und die Wattestäbchen bzw. Pinsel werden ausgeteilt. Jeder tunkt seinen Pinsel oder sein Wattestäbchen in Zitronensaft und schreibt damit ein Wort auf den Zettel. Dieses Wort bleibt zunächst (fast) unsichtbar. Die Geheimtinte muss nun kurz trocknen.
3. Die Teilnehmenden versuchen, reihum zu erraten, welcher Begriff auf den verschiedenen Zetteln stehen. Dazu darf jeder eine Frage stellen.
4. Anschließend wird der jeweilige Zettel gebügelt. Durch die Hitze erscheint nach einer Weile in zartem Hellbraun für alle sichtbar die Schrift!

## Über die Autorin

Dr. Birgit Ebbert ist im Münsterland nahe der holländischen Grenze aufgewachsen. Nach ihrem Abitur in ihrer Heimatstadt Borken studierte sie in Münster und Bonn und zog nach ihrem Abschluss als Diplom-Pädagogin für zehn Jahre nach Stuttgart. Heute lebt sie als freie Autorin im Ruhrgebiet und schreibt Geschichten, Bücher und Materialien für Kinder, Jugendliche und Erwachsene. Einer ihrer Schwerpunkte sind Erinnerungsgeschichten – nicht nur für die Arbeit mit Seniorinnen und Senioren. Auch ihre Romane greifen meist Themen auf, an die man sich erinnern sollte, und selbst in Kinderbüchern macht sie vergangene Ereignisse zum Thema. Erinnerungen sind für Birgit Ebbert Gedankenschätze und Souvenirs der persönlichen Lebensreise.